中国最美休闲乡村

ZHONGGUO ZUIMEI XIUXIAN XIANGCUN

农业部农产品加工局
农业部农村社会事业发展中心

中国农业出版社

图书在版编目（CIP）数据

中国最美休闲乡村 / 农业部农产品加工局，农业部农村社会事业发展中心编. —北京：中国农业出版社，2015.12
ISBN 978-7-109-21128-5

Ⅰ. ①中… Ⅱ. ①农… ②农… Ⅲ. ①乡村－旅游业发展－研究－中国 Ⅳ. ①F592.3

中国版本图书馆CIP数据核字（2015）第268711号

中国农业出版社出版
（北京市朝阳区麦子店街18号楼）
（邮政编码 100125）
责任编辑 李文宾

北京中科印刷有限公司印刷 新华书店北京发行所发行
2015年12月第1版 2015年12月北京第1次印刷

开本：787mm×1092mm 1/16 印张：19.75
字数：350千字
定价：198.00元

《中国最美休闲乡村》编委会

序

自中共十八大做出建设美丽中国的重大决策部署以来，广袤大地奏响了建设美丽乡村的时代乐章，加快建设生产发展、生活富裕、生态良好、人与自然和谐共存的美丽乡村，成为华夏子孙的共同愿望。

循迹乡村之美，望山看水忆乡愁。田夫荷锄立，相见语依依；即此羡闲逸，怅然吟式微。梅子金黄杏子肥，麦花雪白菜花稀。明月松间照，清泉石上流。采菊东篱下，悠然见南山。古人对田园生活且向往之并乐享其中，在现代生活的快节奏、高压力下，很多人也开始返璞归真，追寻安然闲适的乡村田园生活。乡村有着天蓝、地绿、水净的世外桃源风光，保存完好的历史古迹，让人们触景生情，记载着剪不断的乡愁。习近平总书记强调，要在促进城乡一体化发展中，注意保留村庄原始风貌，改善居民生活条件，让居民望得见山、看得见水、记得住乡愁。乡村的绿水青山就是“金山、银山”，乡村的人与自然和谐发展，践行着生态文明建设之路。循迹乡村之美，游农家、啖美食、忆乡愁已成为一种新兴的休闲方式。

挖掘乡村之美，弘扬传统文化。乡村民俗传统文化源远流长、历史悠久、底蕴丰厚，是在长期的生产、生活实践中创造的宝贵精神财富。然而，随着时代的发展变迁和城镇化进程的进一步加快，许多传统民间文化和工艺日渐萎缩和消失，面临断档、失传等问题。今年中央 1 号文件提出，要积极开发农业多种功能，挖掘乡村生态休闲、旅游观光、文化教育价值，扶持建设一批具有历史、地域、民族特点的特色景观旅游村镇，打造形式多样、特色鲜明的乡村旅游休闲产品。发掘、保护、传承和弘扬乡村丰富灿烂的民俗文化，成为进一步促进精神文明建设的重要途径。

建设乡村之美，发展现代农业。发展现代农业不仅要发展传统农业中的种植业、养殖业，还要拓展农业多功能，大力发展休闲农业与乡村旅游，形成一二三产业多业态深度融合的产业体系，将农业从单一的生产功能向休闲观光、农事体验、生态保护、文化传承等多功能拓展，满足城乡居民走进自然、认识农业、体验农趣、休闲娱乐的需要。其较高的经济效益，充分调动了各类经营主体改善农业基础设施、主动运用现代技术、保护产地环境的积极性，带动了无公害、绿色、有机农业的发展和农业标准化生产，成为运用现代农业科技、先进农业设施的重要平台。

利用乡村之美，绽放农民笑脸。在我国休闲农业与乡村旅游快速发展过程中，各地不断创新发展模式，拓宽发展领域，涌现出许多产业特色突出、村容景致独特、乡风文明和谐、百姓安居乐业的休闲乡村。这些乡村的出现和发展，拓展了休闲农业的经济、政治、社会、文化和生态等功能，激活了一片区域、兴起了一批产业、拓展了消费需求、带富了一方百姓。农区像景区、田园像公园、民房变客房、劳动变运动、农产品变商品，让农村闲置的土地利用起来，农民闲暇的时间充实起来，富余的劳动力流动起来，极大地带动了农民增收就业。农民绽放发自内心的幸福笑容绘制了乡村最美的画面。

推介乡村之美，强化品牌培育。乡村之美既要注重挖掘文化内涵，建设村容村貌的“内外兼修”，更要培育品牌，树立典型，发挥示范带动作用。农业部近年开展了“中国最美休闲乡村”推介活动。截至 2015 年底，经过地方推荐、专家评审和网上公示等程序，共推介了 260 个乡村，包括特色民居村、特色民俗村、现代新村和历史古村四类。这些乡村都是以农业为基础、农民为主体、乡村为单元，因地制宜发展休闲农业和乡村旅游的典范，充分反映了各地的农耕文明、地域风情和特色风貌，诠释了农事景观的人文积淀，在全国具有很好的典型示范和品牌带动作用。本书以图文并茂的形式向全社会宣传 2014 年农业部推介的 100 个中国最美休闲乡村，真实生动地记录了村庄概况、特色景点、民俗文化和产业功能等情况，为城乡居民更好地品味农耕文化、乐享田园风光、体验农村生活、感知民俗风情提供便利，为休闲农业与乡村旅游发展营造良好氛围。

农业部副部长 陈晓华

2015 年 12 月

目录

序

1

特色民居村

2 特色民俗村

3 现代新村

4 历史古村

TESE MINJUCUN

特色民居村

北京市密云县干峪沟村
河北省辛集市双柳树村
山西省平顺县白杨坡村
内蒙古自治区乌兰浩特市胡力斯台嘎查
辽宁省海城市三家堡村
吉林省吉林市昌邑区大荒地村
黑龙江省绥滨县中兴村
黑龙江省五常市新庄村
江苏省南京市江宁区黄龙岘村
浙江省仙居县高迁村
安徽省宁国市千秋畲族村
福建省南安市观山村
山东省临朐县牛寨村
山东省广饶县刘集后村
河南省陕县北营村
湖北省保康县尧治河村
湖南省新化县正龙村
广西壮族自治区灌阳县小龙村
海南省三亚市槟榔村
重庆市巴南区集体村
四川省苍溪县文家角村
云南省巍山县东莲花村
贵州省黄果树县滑石哨村
甘肃省和政县吊滩村
宁夏回族自治区西吉县龙王坝村
新疆维吾尔自治区尼勒克县加哈乌拉斯台村
大连市庄河市东滩村
厦门市同安区顶村村
新疆生产建设兵团第十师181团克木齐社区二连

北京市密云县
干峪沟村

村庄资讯

地理位置或行车路线

京承高速 22 出口右转驶入沙太路，过桥左转驶入 Y353 国道，行驶 2 公里，右转过山里寒舍木牌坊后 7 公里即可到达目的地。

最佳休闲时间

4 ~ 11 月

密云县位于北京市东北部，是首都重要的饮用水源基地和生态涵养发展区。北庄镇位于密云水库上游，区域内没有排污型生产企业，一条横贯东西的清水河使得这里土地肥沃、环境优美。传说明万历年间，一高姓兄弟因修建长城来到此地，发现这里群山环绕，莺啼鸟鸣，是远离尘世的世外桃源，便住下来繁衍生息。如今，四十几户人家中高姓占大多数，人们日出而作，日落而息，过着自给自足的生活。

干峪沟村位于密云北庄镇政府东，东与河北省兴隆县交界，西与该镇苇子峪山界相邻，南与大城子墙子路北沟、苍术会接壤，北由东庄村把门。驾车从北京市区入京承高速路北行 110 公里，由沙太路、北庄出口下转乡道向东北前行约 10 公里即到。

干峪沟位于大山深处，几十座民居，均为半个世纪以上的老屋，多数有百年历史，古朴自然，建材多为山石和当地树木，不用水泥，只用石灰和黏土垒砌，一家一院，户户不同，高低相间，错落有致。干峪沟自然村共 43 套农家院，除部分是村民自住外，一些房屋已年久失修。但是该村自然环境优美，历史悠久，人文景观丰富，有长城古迹、参天古树、小天门山、老爷庙等，是放松心情、回归自然的好去处。

干峪沟上万亩*的原始次生林使这里成为野生动植物的栖息地，这里野兔成群、狍子追逐，山鸡飞舞，还生长着杨树、野丁香、山核桃、胡枝子、荆条、酸枣等，自然植被茂密、丰富。红果、核桃以及山鸡产业是村民的主要经济来源。

2013年4月，山里寒舍（北京）旅游投资管理有限公司用了几个月时间，将干沟峪村从一个偏僻的小山村改造成为乡村酒店。这家酒店的特别之处在于：接待客人住宿的房间，就是村民原来的老宅。从外表看，结构几乎没变，所有的客房都是在老房的基础上装修改造而成，木门、木窗、椽子，还有院里的石头墙，得到了保留。而房间内则变化巨大：古朴与现代感融合的室内设计，五星级的客房及卫浴设施，中西餐厅，无限网络覆盖；木门、木窗内加衬了双层的塑钢玻璃门窗，青石板铺地，还安装了地采暖设施。家具的摆设也颇费了一番心思，衣柜、条案、桌子，等等，许多都是从村民手里淘来的老物件，透出悠久的乡舍韵味。

山里寒舍的设计理念是“乐活、有机”，即共生永续，乐享生活，推广可持续的健康生活方式。在建设过程中，坚守旅游开发不能破坏当地的环境和原居民正常生活的基本

* 亩为非法定计量单位。1亩＝1/15公顷。

原则，不砍伐一棵树，最大限度地使用当地的石材、木料和瓦片等进行改造，保护民居的原始结构，保护古树名木以及原生的乡土植物群落；在改造设施和室内装饰时，使用环保材料和设备，采用石、木、棉、麻等传统材料，采用麦秸取暖炉等。村里的妇女、老人也参与到运营服务过程中，他们通过培训及指导，身体力行地保护环境和家园，使“乐活”的理念得到推广。

由于市场定位准确，吸引了国内外游客前来游玩，网上预订供不应求。

干峪沟村在乡村酒店建设过程中，同时推进公共交通、供水供电、垃圾和污水处理、通信信息和劳动就业服务等体系的建设，使现代、文明的生活方式与农村田园牧歌式的传统生活方式得到有机地融合，开创了以新兴休闲产业带动山区新农村建设的新模式。

如今的干峪沟村，炊烟依旧，原始风貌犹存，古树老井山花、石磨草屋篱笆，让人陶醉在“山深人不觉，犹在画中游”的意境。

河北省辛集市
双柳树村

村庄资讯

地理位置或行车路线

在河北省辛集市电视塔有专车接送。

最佳休闲时间

全年

一、双柳树村概况

双柳树村位于河北省辛集市，北与深泽县、安平县接壤，东与深县为邻，南与冀县、宁晋县相接，西与晋州市毗连。交通便利，地理位置优越。

近年来，双柳树村以“发展种养产业，开发休闲旅游，建设生态双柳树”为建设目标，逐步完善各项基础设施，并通过政府引导，农民主体，市场运作，以柳润庄园为主的乡村旅游、生态旅游日趋成熟。在各级领导的大力支持及积极推动下，双柳树村形成了两大乡村旅游点。一是始建于2009年的柳润庄园景区。以河北柳润园农业科技有限公司为龙头，以五大现代休闲农业产业基地为特色，发展起来的“主题采摘 + 农事体验 + 休闲娱乐 + 绿色餐饮”为基本模式的示范带。现有跑马场、野外烧烤、生态餐饮、大型游乐场、温泉度假中心、百亩果林区、花卉区、蔬菜大棚区、养殖区、四季垂钓区，柳润庄园年销售收入达1 500万元。二是以润彩农业专业合作社为主，建立了特色养殖基地。有土鸡、大雁、鸵鸟、核桃等，不但有有机农产品，也使观光旅游有了新内容，自2009年开始营业以来，已接待游客30万余人次，成为双柳树村休闲旅游业新的增长点。

二、依托休闲农业，规模化发展

1. 以设施建设为重点，搭建休闲农业平台 通过环境的美化、净化、亮化，初步形成了以人文景观、自然风光和乡村游乐为主的休闲农业雏形。①路面全部硬化，使交通更加方便。②建设游乐设施、凉亭。③建设水源热泵，为大棚、养殖场、办公生活区供暖供冷。④建设180立方米的沼气池一座，将养猪场产生的粪便变废为宝，既保护了环境，也节约了成本。

2. 以产业基地为中心，推动休闲农业发展 通过土地流转、规模经营、开发建设现代农业产业基地（发展生态蔬菜基地、土鸡生态养殖基地、生态果园基地），有效地推动了休闲农业的开发，促进了休闲乡村旅游事业的发展。

3. 以和谐生态为关键，构建休闲农业 采取“养殖—沼气—种植”的循环、有机、环保的现代农业生产模式，把养殖产生的粪便入池，变成沼气，沼液又做肥料，保护环境，使人、景、物和谐发展。

三、创新发展模式，运营模式多样化

1. **提供全方位周到服务**　使游客公务、休闲两不误，包括餐饮、会议、垂钓、蔬果采摘、绿色农家产品采购。

2. **百亩果树园，尽情采摘**　美丽的田野风光，令人心旷神怡，在这里可以呼吸清新的空气，消除疲惫。

3. **离都市很近，离喧嚣很远**　周末放松，再也不用舍近求远，都市、乡趣两手兼得；珍禽动物、花草树木尽情欣赏。

4. **垂钓基地怡心养性，乐似神仙**　天然绿色，水域面积约80亩，视野开阔，景致优雅。鱼塘为天然活水，水质新清无污染。采用传统绿色环保方式养殖新鲜无害土鱼，品种多样，客人可尽享垂钓之乐。

5. **开心菜地**　这是现实版的开心农场，偷菜、认种随您挑，自管、托管任您选。让游客在体验农家生活的同时，享受收获的成就感。

6. **水上乐园**　在锻炼身体的同时，缓解工作的压力。

7. **停车场安全宽敞**　可停放300台机动车的停车场，令游客放心、安全停放自己的爱车。

8. **农产品购物**　绿色环保，低碳健康。

山西省平顺县 白杨坡村

村庄资讯

地理位置或行车路线

长治飞机场、火车站、长途汽车站乘车到白杨坡村。

最佳休闲时间

3～10月

白杨坡村地处山西省东南部、太行山腹地，晋、冀、豫三省交界处，隶属山西省长治市平顺县石城镇。自然景色秀美，一年四季呈现出不同风格的山水田园农耕季节的风光。属北方地区农耕纺织文化遗存较为丰富的古村落之一。白杨坡休闲农业示范区西邻平顺太行水乡国家AAAA级景区15公里，东临河南省林州市红旗渠国家AAAA级景区10公里，距山西省长治市80公里，距河南省安阳市80公里，距河北省邯郸市88公里。村庄东、西、南三面环山，北面临浊漳河，闻名于世的红旗渠绕村而过。由于受地形和河流影响，小气候独特而宜居，暖温带季风气候区，冬不冷夏不热，空气中负氧离子浓度高；受海拔变化影响，适宜种植的农作物和林果种类丰富且优质。全村国土面积8 744亩，耕地680亩，林地3 000余亩。2013年农业部认证的无公害农产品有花椒、柿子、黄豆、绿豆、小米、玉米糁，有游客接待中心、农家旅社、农家饭店、农耕体验园、民俗文化游乐园，采摘园是百姓收入的主要经济来源。2013年农民人均纯收入6 500元。

据传说，白杨坡村最早的居民是岳姓先祖从山西洪洞迁移至此，后牛姓、张姓陆续落户。迁移至此的居民，在与当地居民交往融合过程中，形成了独特的民风民俗。村中138户民居依山而建，错落有致，望眼村里，树影之中依稀可见黄土墙壁、灰色瓦顶、蜿蜒石板街巷，古朴自然，与山水相映成趣，俨然一副自然山水画卷。因地广人稀，历史上百姓有栽桑养蚕和种植棉花的传统，流传

下来的传统纺织技艺至今不衰。至今，已有“传统棉纺织技艺”等三项被山西省人民政府公布为省级非物质文化遗产；2008 年被山西省建设厅、旅游局命名为“山西省旅游特色名村”；2009 年被山西省环保厅命名为“山西省生态文明村”；2009 年被山西省文化厅命名为“山西省文化示范村”；2012 年被山西省农业厅命名为“山西休闲农业与乡村旅游示范点”。自 2012 年以来，在山西省文物局下乡驻村的帮助下建设的北方汉民族地区首个国家级生态博物馆，于 2014 年被山西省人民政府命名为“山西省白杨坡森林公园”。

白杨坡村依据本村自然生态优美、民风民俗独特和地广人稀等优势，大力发展休闲农业与乡村旅游。在发展旅游时，一方面注重挖掘传统文化优势；另一方面注重吸收外地经验，积极发展休闲农业。在休闲农业上，一是利用本村已有的柿子、石榴、花椒、核桃、山茱英等林果优势，开展了采摘采收等项目；二是发展农耕农作体验，使游客在田间体验耕、犁、种、收等活动。2013 年，共接待游客 2 万人次，取得综合收入 500 余万元，使百姓收入与前 5 年相比翻了一番，达到了人均 6 500 余元。

今后，一是加大宣传力度，进一步扩大知名度，通过申报“2014 年中国最美休闲乡村”，使白杨坡村在全国具有一定的知名度；二是规划出一部分地块平整、交通方便的耕地，把地块划小，让城市的居民认领（耕地权属不变，租赁性质），收取租赁费，收成归租赁者所有；三是在休闲度假方面做进一步的探索和尝试。

内蒙古自治区乌兰浩特市
胡力斯台嘎查

村庄资讯

地理位置或行车路线

位于内蒙古自治区乌兰浩特市乌兰哈达镇北部，距乌兰浩特市 15 公里，距乌兰哈达镇 12 公里。

最佳休闲时间

4 ~ 10 月

内蒙古自治区乌兰浩特市胡力斯台嘎查面积 20 平方公里，耕地 15 000 亩，人口 1 261 人，蒙古族占 85% 以上。

“没来胡力斯台之前完全想象不到现在的农村是这样的，环境优美、民居干净整洁，采摘、钓鱼、农家乐样样俱全，特别是离市里这么近，周末带着家人来个周边短途休闲游可方便了。”到过胡力斯台的游客们如是说。

在美丽乡村建设过程中，胡力斯台嘎查依托近城市的区位优势，以打造集设施农业园区观光、采摘园采摘、养鱼池垂钓、农家乐品尝为一体的都市型现代农业旅游带，让游客体验现代农业集生产、生态、生活于一体的特色。随着新农村建设和“十个全覆盖”工程的不断推进，胡力斯台立足少数民族聚居村实际，在全嘎查进行了蒙古族特色民居改造，整洁统一的墙壁装饰着蒙古族风格的纹饰图案，干净平整的水泥硬化道路，整洁的农家院落、干净平整的柏油马路、整齐划一的路灯、功能齐备的设施农业园区、路旁绿化带内的果树、垂柳像是在夹道欢迎各方宾朋。

胡力斯台嘎查农业园区已建成温室大棚 355 栋，大棚内种植的果蔬品种有黄瓜、茄子、辣椒等，特菜有沙葱、养心菜、黄秋葵等，水果有油桃、大果樱桃、西甜瓜等，菌类有灵芝、木耳、平菇等。游客可以参观、采摘，体验田园乐趣。此外，园区种植各种果树 5 000 株、垂柳 1 000 株。胡力斯台嘎查计划利用三年（2014—2016 年）时间在村西北后山建设完成 1 300 亩生态农业观光采摘园，为嘎查旅游经济发展再添精彩一笔。昔日村南侧废弃的阿木古楞河老河道也被重新开发，2014 年，嘎查投资 150 万元进行综合治理，将老河道建设成为 70.4 亩休闲垂钓区，实现了资源利用最大化。园区 2014 年已接待游客 8 万人次。

12月的乌兰浩特寒风凛冽，但胡力斯台嘎查的文化广场依然热闹非凡，跳舞、跑步、打球的身影随处可见，还有老人和孩子们在健身器材上锻炼身体。

随着“十个全覆盖”工程的不断深入，胡力斯台将真正实现乡村既是农民生产生活的美好家园，也是“望得见山、看得见水、记得住乡愁”的“景区”和“公园”，身披中国最美乡村殊荣的胡力斯台嘎查，正以全新的面貌迎接四面八方的来宾。

辽宁省海城市
三家堡村

村庄资讯

地理位置或行车路线

有海城至凤城、青城、通远保和岫岩北部各镇的公路经过。

最佳休闲时间

5～10月

在美丽的辽东半岛、千山山脉的南麓，坐落着九龙川省级自然保护区，那里孕育了一个美丽的小山村——海城市三家堡村。她仿佛是一个未做修饰的村姑，默默地度过春夏秋冬，有时又如热情活泼的少女奔跑在大自然中。走进三家堡村，可尽情享受来自原生态的淳朴之美，体验神仙般的特色民居生活，感受现代化的生活气息，沐浴在新农村建设丰硕成果的春风里。

一、三家堡村概况

辽宁省海城市三家堡村，是一个集自然风光、田园风光与人文景观，生态观光游、田园风光游、果品采摘、农家乐于一体的休闲乡村。

三家堡村位于辽宁省海城市接文镇东南部，距海城市区42公里。村辖面积17.8平方公里，人口1 320人，2013年人均收入2.1万元。三家堡村交通便利，海城至凤城、青城、通远保和岫岩北部各镇的公路都经过三家堡村，境内有村镇级柏油路及客运车。

三家堡村位于辽宁省九龙川省级自然保护区内，区内重峦叠嶂，有春花、夏荫、秋叶、冬雪，四季景观多彩别致，并有众多美丽的传说和历史古迹。

经过三家堡村人们的不断努力，在上级政府的大力支持下，本着生态保护与开发利用并重的原则，打造了一个集生态观光游、田园风光游、果品采摘、农家乐于一体的特色休闲乡村，使人们完全融入大自然中，尽情享受返璞归真之美，令人流连忘返，完成一次人与自然和谐统一的生态游、休闲游、绿色游。

二、特色产业推动新农村建设

1. 传统种植业 三家堡村有耕地 970 亩，种植玉米、高粱、大豆、谷子等。果树面积 500 亩，有果树 3 万余株。养殖业主要有猪、羊、鸡、鸭、鹅等，大多为散养。全村有柞蚕场 7 000 亩。春种秋收，勾画出一幅美丽的农耕文化传承图。

2. 香菇种植业 三家堡村香菇种植惠及农户 1 006 户，2 860 人；自有基地 500 亩，辐射基地面积 2 000 亩，是东北唯一一家沃尔玛国际连锁超市香菇产品直采基地。依托沈阳农业大学、丹东林科所，通过合作社筹资建设，“农民零投入，零风险，保增收，走合作经营共同富裕之路”，成为海城市发展现代农业、实践“合作社 + 超市 + 基地 + 农户”的经营模式、确保农民持续增收的典范。

3. 休闲观光业 三家堡村是一个集生态观光游、田园风光游、果品采摘、农家乐于一体的休闲乡村。九龙川河水潺潺，自然景观绚丽多彩，人文景观丰富，以“体现农家原始文化，品农家小菜，感生态环境”为宗旨的农家院，给消费者提供集餐饮娱乐休闲于一体的场所。三家堡村巧用这里的青山碧水、鸟语花香和大自然的淳美，打造了一个有机果品采摘基地和南果御梨梨花景观点，春赏梨花，秋摘南果，从赏花到品梨，别有一番情趣。依托九龙川省级自然保护区的自然优势，休闲观光业成为三家堡村村民致富的主导产业和朝阳产业。

近年来，为了树立良好的旅游品牌形象，三家堡村将传统的农村农业文化和优质的农业资源紧密地结合起来，凸显休闲农业的“体验性、娱乐性、文化性、综合性”，突出一个“特”字，体现一个“美”字，做好、做强、做活休闲农业的大文章，积极发展成一个集“养生、体验、农业科普、旅游”于一体的新的农业休闲乡村。

2013 年全村接待游客 20 万人次，为农民直接增加收入 1 700 万元，农民户最高收入 20 余万元。人均农家休闲收入 1.3 万元，占农民人均纯收入的 60% 以上。

通过发展乡村旅游，倾力打造最美特色民居山村，三家堡村集体经济快速发展、村民生活富裕、山川清新秀美，一条兴村富民的康庄大道呈现在三家堡村广大农民的面前。

吉林省吉林市昌邑区

大荒地村

村庄资讯

地理位置或行车路线

吉林市—孤店子镇—大荒地村。

最佳休闲时间

6～11月

大荒地村地处吉林省吉林市北部25公里处，与吉长北线、吉孤公路邻近，全村总人口3 890人，920户，耕地面积700公顷。以种植绿色、有机水稻为主、农产品深加工为辅、生态农业观光旅游独具特色。大荒地村先后荣获过全国文明村镇、全国创先争优先进基层党组织、全省社会主义新农村建设先进单位等20余项殊荣。2013年大荒地村实现村集体资产积累380万元，人均纯收入1.85万元。全村实现了土地统筹经营，村民就地集中居住，开创了全新的现代农村生活。

2010年3月，大荒地村与东福集团实行村企合作，走村企共建的路线，成立了吉林地区第一家村级党委。村两委成立以后，投入1 600万元进行新农村建设，安装太阳能路灯，铺设水泥路，修筑路边沟渠，进行村内绿化、美化，彻底改变了以往农村脏、乱、差的环境。村两委积极开展精神文明建设，兴建室内外文体活动广场，完善了农家书屋、电脑教室，利用农闲季节组织村民积极开展广场文化活动，丰富了村民的业余文化生活。

村党委在保证农民自愿和土地经营权不变的前提下，将全村700公顷土地进行流转，由村委会统一进行耕种。村委会成立了水稻种植公司，对流转后的土地进行方条田规整，既增加了土地面积，又利于机械化作业。再与东福米业公司签订订单，对流转后的土地实行工厂化管理、机械化耕种、集约化经营。脱离了土地的农民就近到村内企业上班，成为产业工人，增加了家庭收入。大荒地村积极发挥水稻种植的优势，用田园风光为依托，发展现代农业，创建大荒地生态农业产业化示范区，让村民坐在落地窗前看稻花。

大荒地村注重发展民营企业，村内的龙头企业东福集团，现有资产11.5亿元，下属12家子公司，经营范围涉及农业、旅游业、农产品深加工、特种养殖等多个行业。

东福米业是一家大型农产品生产企业，经营项目包括科技研发、水稻种植、农机服务、稻米加工、仓储销售、杂粮生产、土特产加工、玉米烘干、畜禽养殖、生物肥研制、秸秆燃料加工。被农业部评为“农业产业化国家重点龙头企业”，“大荒地”品牌被国家工商总局评为“中国驰名商标”。公司拥有10万平方米的工厂化智能日光温室，以生态种植为主要生产方式，以基地建设为产业根基，以产品质量为根本保障，以顾客满意为企业宗旨，实现了从种植到销售全流程可追溯，确保了产品的质量安全，真正做到了从土地到餐桌的食用安全保障。

2007年起创建的神农庄园，现有资产5亿元，占地面积500万平方米，营业面积5.6万平方米，年综合接待能力50万人次。被农业部、国家旅游局评为“全国休闲农业及乡村旅游五星级企业”、“全国十佳休闲农庄”、“青少年农业历史教育基地”。

现在的大荒地村，村民安居乐业，村内各项产业稳步发展，村两委将继续秉承和谐、发展、富裕的大荒地精神，抢抓长吉一体化发展机遇，以大荒地村为核心，建设吉林市大荒地生态农业产业化示范区。力争用3～5年时间，把大荒地村打造成为东北第一村。把示范区建设成为经济发展、生活富裕、民主和谐、特色突出的新型小城镇，在社会主义新农村建设的道路上创造更加辉煌的业绩。

黑龙江省绥滨县
中兴村

村庄资讯

地理位置或行车路线

位于黑龙江省绥滨市忠仁镇北部 15 公里处，北以黑龙江主航道为界与俄罗斯隔江相望，西邻中国北方民族园。

最佳休闲时间

5 ~ 10 月

一、中兴村概况

中兴村（忠仁新区）位于忠仁镇北 15 公里处，北以黑龙江主航道为界，与俄罗斯隔江相望，西邻中国北方民族园。2011 年，中兴村被规划为忠仁镇新区，是黑龙江省百镇建设工程首批启动的 48 个重点工程之一。

近年来，中兴村加强新农村基础设施建设，全力改善农民生产生活环境，通过近 3 年的建设，达到了新农村建设标准，并通过了省级新农村评定，获得了五星级新农村荣誉称号。

中兴村以建设“边境旅游名镇”、打造“生态文明小城”为出发点和落脚点，坚持以人为本，实施民生工程，打造人性化居住环境，确保做到“四到位”（室内墙面粉刷到位，上下水及供暖管道安装到位，有线电视及电话线路接入到位，洁具和灶台铺装到位）。

2011 年完成了基础设施建设。总体建筑风格为欧式。房屋建筑面积为 36 000 平方米，分为四种建筑：一是二层别墅式住宅 48 栋 174 户，共 19 000 平方米；二是商服楼 6 栋 90 户，共 10 000 平方米；三是四层住宅两栋 45 户，

共 4 300 平方米；四是综合服务楼一栋 2 600 平方米，内设医院、派出所、电视站、农机站、水利站、电管站及幼儿园和客运站等。供排水、电视、电信、道路工程一并跟进一次完成。供热采用分户式水源热泵。

2012 年又投资 2 000 万元进行庭院工程、绿化工程、人行道工程，同时建设 38 000 平方米的休闲广场、10 000 平方米的储粮区，15 000 平方米的农机具停放区、6 000 平方米的养殖小区，彻底改变村民的生产生活条件和生活方式，使月牙湖风景区的功能更加完善。

二、中兴村旅游开发情况

中兴村地处绥滨县东北部依江建成的旅游度假区，西部是中国北方民族园景区，北靠黑龙江及东西连绵起伏的原始森林，具有得天独厚的自然旅游资源，是绥滨县的旅游新区。既有占地 4 万平方米的沿江休闲广场、与黑龙江一水相连，面积达 5 万多平方米的月牙湖、与口岸相接面积 70 公顷的龙岗岛、辽代五国部第四部奥里米姊妹城高力古城遗址等，还有味道鲜美、独具特色的龙江鱼宴，尤其是“三花五罗”、鲟、鳇鱼远近闻名。黑龙江水洁净无污染，江中岛屿星罗棋布，沿岸森林葱郁，草原茂盛，自然风光迤逦。

1. 发展思路　以中国北方民族园景区为新区旅游的“一线”，以新区的多个公园及湖滨广场等地为旅游的“点”，

以新区四周的水体观光为旅游的“面”，从而形成一个以新区为中心的“点”、“线”、“面”一整套的网络旅游格局。

2. 发展定位 根据新区的景源特点，按照把新区景点定位为集新农村印象游、滨水休闲游、田园风光游、绿色生态游、快乐采摘游和农家体验游于一体的特色度假区。

3. 主要成效 ①经济状况宽裕。中兴村总耕地面积 7 881 亩，全部为水田。水稻种植作为全村经济发展的主要产业，粮食总产量达 433.46 万千克。同时，中兴村境内有国家 AAAA 级景区中国北方民族园，农民依靠景区发展旅游服务业，增加了收入。②生活环境优美。通过黑龙江省百镇建设，中兴村高起点规划、高质量建设，将原有的泥草房、砖瓦平房改建为欧式风格的别墅和多层建筑。彻底改变这里村民的生产生活条件和生活方式。③居住条件舒适。村民住宅全部采用环保砖建设，别墅内设计格局合理，卧室、卫生间、厨房一应俱全。供暖系统采取抽取深层地下水地源热泵加热供暖，实现了清洁能源供暖，达到了无烟无煤。④综合服务便捷。交通出行便利快捷，有一条同乡公路，全部为硬直化水泥。村内建设 6 栋商服楼，有农家乐、超市、旅店等服务设施，为到中兴村及中国北方民族旅游的游客提供更好的服务。全村用水、用电、用气和通信等生活服务设施齐全，由专业物业公司维护，村民满意度高。

黑龙江省五常市 新庄村

村庄资讯

地理位置或行车路线

位于哈尔滨市南 100 公里，有公汽直达。

最佳休闲时间

7～9月

新庄村属浅山区，南临国家森林公园——龙凤山水库干流牤牛河，北靠五常大米地理标志之一——硕达户山。共有 6 个自然屯，705 户，3 066 人。村庄面积 62 万平方米、耕地 17 000 亩、林地 2 600 亩，是国家级生态村。

新庄村创建了五常市生态示范型新农村建设模式，获得了黑龙江省“五个好村先进党组织”，黑龙江省“劳动模范集体”和黑龙江省“文明村”标兵的荣誉称号。

一、改善村民生活和生产条件

围绕“走平整路、喝干净水、用清洁能源、住节能房、上卫生厕”的目标，硬化村屯公路 17 公里，砌筑排水 12 000 米，安装路灯 120 盏。实现了自来水入户。建设供气 600 户的大型沼气站一座，日产气 600 立方米。改造泥草房 200 栋，建成节能小区 1 处。改造厕所 200 个。整修田间路 30 公里，全部达到机耕路标准。建成 70 道丁字坝治理河堤塌岸，保护耕地 3 000 亩。更新提水设备 6 台套，集体灌溉面积 2 000 亩；建设标准化育秧大棚 400 栋。建设集约化养殖小区 5 000 平方米，带动了黄牛和生猪产

业的发展。为沼气站提供原料，沼渣和沼液又成为高效有机肥。村民用上了清洁能源，改善了人居环境，又为发展有机食品创造了条件。

二、通过提高村民组织化程度促进村民增收

新庄村党支部领办农民合作社，9 年累计融资 1 500 万元，解决了社员生产资金不足难题。建设了有机米加工厂，基地和企业均连续 8 年获得有机认证，有机大米销往全国各地。《舌尖上的中国 2 · 时节》中对五常大米给出了“这是中国最好的稻米”的高度评价，而新庄基地就地处五常大米核心区。电影《雪落牤牛河》反映的就是党支部带领合作社，发展有机农业，与村民抱团闯市场的故事，该电影已申报国家“五个一”工程奖。

三、通过提升村民素质培育新型农民

新庄村成立了残疾人协会、老年人协会、计划生育协会等 6 个协会，将不同人群、从事不同活动的村民纳入服务范围。协会创办了网站、村报、小剧团和秧歌队，使活动有载体；建设了广场、活动室、画廊和健身路径，使培训有场所；开展各类培训活动上百次；为65岁以上的老人发放养老金，年节为老人发放月饼和面粉。几年来各协会组织志愿者逢年过节慰问孤寡老人。协会立规矩树导向，将协会工作与建设文明幸福家庭、和谐村屯相结合，努力营造邻里互助、尊老爱幼、遵纪守法、移风易俗的良好风尚，倡导“务实向上　团结互助”的新庄精神，树立起文明新风。

江苏省南京市江宁区
黄龙岘村

村庄资讯

地理位置或行车路线

位于南京市西南部，距南京市区约 40 公里，距东山新城约 30 公里，距安徽省马鞍山市只有 12 公里。北边是银杏湖大道，南边是汤铜公路，东边是江宁西部旅游线的联二线，西边是联一线连通正方大道宁芜高速。

最佳休闲时间

全年

一、黄龙岘村概况

黄龙岘村位于南京的西南部，距南京市区约 40 公里，距东山新城约 30 公里，距安徽省马鞍山市只有 12 公里。北边是银杏湖大道，南边是汤铜公路，东边是江宁西部旅游线的联二线，西边是联一线连通正方大道宁芜高速。素有“扬子江心水，黄龙岘上茶”之誉，曾是南京西南部千年古驿道上的一处心灵驿站。

黄龙岘茶园面积有 2 000 多亩，这些茶园分布在村中四周的茶山和道路的两侧，盛产龙针和龙毫两个系列的绿茶，因黄龙岘周边数十里无一工业企业，因此黄龙岘牌茶叶有“江南第一针”的美誉。2009 年黄龙岘绿茶在南京市“雨花杯”农副产品竞赛中荣获银奖。

二、特色景点

1. 农家美食风情街　黄龙岘村中心有一条充满朝气的步行街，建筑风格以徽派建筑为主，突出“小桥流水，春潭柳绿”的江南气息。全长 430 米，用小青砖铺设而成。围绕“绿色生态、亲近自然”，集中展示地方茶文化与餐

饮文化。可品尝“黄龙四宝”——茶干、笋干、鱼干、萝卜干，更有草鸡、野味、绿色蔬菜等原汁原味的农家特色菜，使游客尽享农家美食。

2. 云雄陶艺馆　引入宜兴紫砂茶具制作工艺，由著名紫砂艺术家邵云雄带领大家学习紫砂文化。在这里，可以学习紫砂制作工艺，亲自体验陶艺DIY制作的神奇和乐趣。

3. 炒茶坊　在这里，可以通过近距离的观赏，零距离的接触，了解茶叶制茶工艺流程。还可以邀请焙茶师手把手传授制茶技艺。

4. 黄龙大茶馆　可同时容纳120人在此休憩、品茶。在这里，可以品一杯黄龙岘清茶，也可品味刚刚炒出的新茶，倾听悠扬曼妙的古筝琴声，清静悠闲中体验一种返璞归真、回归自然的感觉，享受一种“胸无尘俗思”的慢生活境界。

5. 黄龙潭　与大茶馆相邻的便是黄龙潭，相传是黄龙在此饮水沐浴之潭。黄龙潭水域面积30亩，最深可达10米，可在潭边野营扎寨，休闲垂钓，山水合一，好一个“岘里得闲”之雅境。

此外，还有不闲居、云龙亭、腾龙广场、荷塘湿地、千年古官道、骡子坟、黄龙仙竹、晏子村、晏公庙、龟山、茶园观光采摘区、天梯石等景点供游人参观。

三、乡风民俗

“吃罢茶来扰主家，茶中又有欢团花……”一句句民谣唱出了茶习俗的丰厚，黄龙岘人的生活都围绕“茶”展开，过年时从正月初一到初三，每天早晨开门时放鞭炮，亲友邻舍相见说声“恭喜发财”、“新年好”互拜新年。客至，敬“欢团茶”，送“茶盒”。正月初四后，村民开始用竹、布、彩纸扎制各种茶山、茶篮等灯具，正月十五出灯表演“采茶灯”。刻画江南水乡三月采茶的美好景象。

黄龙岘村相传因远古黄龙来此饮水而得名，留有千年古道、黄龙潭的传奇，晏公庙、骡子坟的传说；《红楼梦》中大观园的原型就在此地，可谓人文底蕴丰厚。此地自古以茶而名，留有送“茶盒”、“采茶灯”等习俗，茶人茶事更是随手可掇，无数文人骚客为其泼墨而颂。在茶文化村建设之初，就将历史文化、传统文化、民俗文化有机融合到景区建设中，把文化特色打造成景点，修整了文化展示墙、茶艺展示馆、茶文化展廊、茶俗展示廊，挖掘历史文化、提升茶叶品质时，促进文化、旅游的联姻，让游人在赏玩中惊叹“暮春三月新绿落”的生机，回味“闻香啜饮不思归”的依恋，使沉睡千年的文化与现代文明交相辉映、熠熠生辉。

浙江省仙居县
高迁村

村庄资讯

地理位置或行车路线

位于浙江省台州市仙居县城西南 20 公里的白塔镇，诸永高速公路神仙居出口处，东面与浙江仙居台湾农民创业园接壤、西面与浙江省神仙居旅游度假区接壤、南面距国家 AAAA 级风景名胜区神仙居景区 3 公里。

最佳休闲时间

全年

中国历史文化名村——高迁村，位于浙江省台州市仙居县城西南 20 公里的白塔镇，诸永高速公路神仙居出口处，东面与浙江仙居台湾农民创业园接壤、西面与浙江省神仙居旅游度假区接壤、南面距国家 AAAA 级风景名胜区神仙居景区 3 公里。高迁村面积 2.39 平方公里，耕地面积 1 644 亩，山林面积 6 000 多亩，农民人均纯收入达 12 000 元。古村拥山环水，环境优美，交通便捷，历史积淀深厚，文化内涵丰富，是浙东南地区保存较为完整的历史文化古村落，具有较高的研究和观赏价值。

高迁古村自宋孝宗淳熙年间从事郎吴椿自下砾徙居于此，为浙东南吴氏家族聚居地之一，现存古民居为明中期至清末 400 余年间吴氏家族所建。村落呈东西向“川”字形布局。由南引白水溪水入村，以月鹿河为界，分上屋和下屋两大建筑群。上屋以北斗七星排列七口池塘，谓“七星塘”；下屋同理筑土成堆，谓“七星堆”，分布于民居之中，与河道及引排水系统贯通，寓天地人和，阴阳相济，集防涝、抗旱、排灌、生活之效用。

民居建筑仿明宫殿式样，四合院，三透九明堂，穿斗式砖木二层结构，左右对称，典型布局为门厅、外院、正堂、中院、后花园。天井多用细小卵石铺镶成各种自然物象、民俗图腾图案。外墙底部立五尺方石，上以砖砌粉白，山墙为六叶马头造像。建筑工艺精湛，有木雕、石雕、砖雕、彩绘、民间传说、神话故事、诗词歌赋、自然鸟兽，形态万千，具有极高的艺术观赏和研究价值。

高迁村人文底蕴深厚，世秉“耕读传家，文武并重”的传统，人才辈出。仅明清两朝进士60余人、举人20余人。民间风俗独特，传统节日、婚丧庆祭、仪式制礼独具特色。被列为国家级非物质文化遗产名目的“针刺无骨花灯”，为高迁吴氏始创，每逢元宵佳节，仙居花灯竞彩，热闹非凡，被誉为“中华瑰宝”、“灯海明珠”。

浑然一体的山水田园风光，古老的耕读文化，精巧的建筑艺术，浓郁的民俗文化，使高迁古村散发出迷人的魅力，吸引着八方来客。旅游业日益成为古村的支柱产业，围绕“文化传承、旅游发展、农民增收”三位一体发展目标，依托高古民居建筑群、神仙居景区、神仙居旅游度假区游客服务中心、台湾农民创业园等旅游资源板块，大力发展休闲农家乐、民俗文化体验和民宿经济。

三月油菜花节、六月杨梅节以及一年两季的薰衣草节，使高迁成为花的海洋。粉墙黑瓦掩映在黄色、红色、紫色花果中，美不胜收。现代农业示范园区和设施农业的发展给村民带来了农业生产的直接经济收入，同时也带动了休闲、体验、观光农业的快速发展。100 多亩蝴蝶兰基地，500 多亩杨梅基地，

400 亩浙大科技特派员创业基地（优质水果种苗培育），500 亩油菜花基地，200 多亩大棚西瓜基地，1 200 多亩单季稻高产示范基地，300 多亩红香芋种植和 350 亩薰衣草观光农业园，不仅吸引大批游客前来观光，也为农民带来丰厚的收入。

“山水相依得天成，古韵今风传千里”，高迁古村于 2006 年被浙江省人民政府认定为第三批历史文化村镇，2010 年被建设部、国家文物局评定为中国历史文化名村。2012 年入选住房和城乡建设部、文化部、国家文物局等部委公布的第一批中国传统村落推荐名单。

对外开放的新德堂、思慎堂、省身堂、折桂堂、慎德堂、日新堂、积善堂和余庆堂，每天接待着来自四面八方络绎不绝的游客，讲述着吴氏家族的兴衰，缅怀华夏文明最美的时代烙印。

安徽省宁国市
千秋畲族村

村庄资讯

地理位置或行车路线

杭州—宁国—云梯；合肥—宁国—云梯。

最佳休闲时间

4～10月

安徽省宁国市千秋畲族村位于著名风景区——西天目山的脚下，东南面与浙江临安市横路乡接壤，是华东六省一市公路交通的十字路口，皖赣铁路贯穿东西。有215、104、323三条省道。全村有12个村民组，1 198人，其中畲族人口占全村总人口的71%，是安徽省唯一的畲族村。全村面积9.7平方公里，其中山场面积23 000亩，耕地面积3 400亩，总面积约2万亩的山核桃、旱竹、毛竹已成为全村农民增收的新亮点，2013年全村人均纯收入达15 318元。

千秋畲族村气候宜人，地肥物阜，资源丰富，境内的千秋关、铜岭关历史悠久，为古代兵家必争之地，是南宋时期皖南八大主要的抗敌关隘。1981年千秋关被载入《中国名胜词典》，1988年被安徽省政府列为重点文物保护单位。近年来，千秋畲族村荣获“全国休闲农业与乡村示范村”、“全国少数民族特色保护村寨”、“省级休闲农业与乡村旅游示范点”、“安徽省‘十佳’最具活力之美好乡村”、“安徽省旅游名村”、“安徽省森林村庄”以及安徽省“五好党支部”等荣誉称号。

在市委、市政府的坚强领导下，在社会各界的大力支持和关心下，千秋畲族村紧紧围绕民族生态农业、乡村旅游发展，以全国少数民族特色保护村寨建设为抓手，通过文旅、农旅结合，大力发展休闲度假旅游业，有效地推进了“中国最美休闲乡村”建设。

一、多元的产业功能

千秋畲族村以培育特色产业，促进农民增收为理念。积极推进生态竹林示范工程，加快建设山核桃特色化、标准化种植基地，大力培育发展现代农林业，扶持农产品品牌建设，提高竹类、山核桃的知名度。同时成立了宁国畲族风情谷土地股份合作社，以集体的力量做大做强集民族文化开发、旅游观光、休闲农业为一体的畲族特色生态文化旅游，将分散的农村资源集中起来依法进行流转和经营，活跃了生产要素，使农户真正得到实惠。

二、独特的村容景致

近年来，千秋畲族村通过美好休闲乡村建设，村容村貌发生了巨大变化，为乡村旅游发展创造良好的外部环境。①以美好乡村建设为契机，充分落实财政补助、补贴、救助等各类民生工程。②完成村主体休闲广场建设，建成了畲族风情广场、省级文化乐园、村口休闲广场、特色古民居等休闲娱乐场所。③建成便民服

务大厅、农家书屋、留守儿童活动室、文体活动中心等服务设施、完善各项功能。④注重畲族特色文化的挖掘、保护和传承。通过畲族山歌、畲族婚嫁习俗、畲族舞蹈等具有浓郁畲乡特色风土人情节目，宣传原生态的畲乡文化、弘扬优秀的民俗传统文化。⑤整合文化生态资源，大力发展乡村休闲旅游。千秋畲族村风景秀丽，畲族文化深厚。近年来，千秋畲族村坚持“农旅结合、文旅结合”的发展思路，大力扶持农家乐发展，建设畲族文化园，着力发展农耕生态休闲旅游。

三、良好的精神风貌

千秋畲族村在新农村建设的实践中，村党支部充分发挥战斗堡垒作用和共产党员的先锋模范作用，有效地推进了美好乡村建设。同时，由于各项民主管理制度建立健全、落实到位，实现了政通人和、社会和谐、人民幸福安康。

福建省南安市 观山村

村庄资讯

地理位置或行车路线

路线一（公交）：厦门梧村汽车站（班车2小时）/泉州新汽车站（班车45分钟）→南安汽车站（1小时）→眉山乡政府（摩的15分钟）→观山村；

线路二（自驾）：南石高速（南安收费站下沿S308往市区方向17公里）→仑苍水暖城路口（沿X337眉山方向8公里）→观音桥（沿观山村方向2公里）→观山村。

最佳休闲时间

全年

观山村位于福建省南安市眉山乡东南部，距离南安市区约20公里，总面积4.2平方公里，山地面积5 000亩，耕地面积840亩，人口1 944人，有8个自然村，是一个典型的山区小村落。观山村利用其独有的历史文化底蕴和秀美的自然风光，以“村庄秀美、环境优美、生活甜美、社会和美”为建设目标，深入开展“美丽乡村”示范村创建工作，先后荣获省级生态村、省级卫生村、泉州市级文明村、泉州市“美丽乡村”入围村等荣誉称号。

一、规划引领，着力提升建设品位

规划是“美丽乡村”建设的龙头，也是“美丽乡村”建设生命力和可持续发展的重要体现。为此，一是摸清现状，二是科学谋划。以观山村百年古厝之旅和生态茶园休闲体验之旅等两条精品路线为规划核心，找准目标定位，制定出《观山村美丽乡村旅游发展总体规划（2013—2025）》。利用独具魅力的人文景观、得天独厚的自然条件，主打茶文化和建筑艺术，从而凸显其“茶魂仙境，古韵乡村”

的主题旅游形象，真正做到用规划引领发展，提升建设品位。

二、产业支撑，不断增强发展后劲

建设“美丽乡村”，产业支撑既是关键，也是保证。观山村利用得天独厚的自然条件，积极在“茶”上做文章，将茶叶、油茶、茶花“三茶”产业打造成美丽产业。一是发展壮大茶叶产业。全村茶业企业有 5 家，有机茶种植面积近 1 400 亩，年产值达 2 000 万元以上，同时，积极引导茶业企业主动融入“美丽乡村”建设，充分挖掘有机茶园边际效应，致力打造生态茶园体验休闲之旅。二是整合发展油茶产业。对全村油茶进行统一种植管理，统一收购销售，培育发展油茶产业。三是布局发展茶花产业。首期引种各式茶花 1 万多株，遍植各家各户的房前屋后，可以美化环境，形成观山村独特风景，“三茶”产业的有序发展，不仅为观山“美丽乡村”建设提供强大的后劲，还为村民提供了就业岗位和增收渠道。

三、文化传承，谱写百年古厝新韵律

在眉山，有一句俗语“有观山富，无观山厝”，闽南风格的燕尾脊、南洋风格的“番仔楼”、“八角楼”、苏式风格的“石印厝”以及古厝内精美的洋砖、木雕、石雕、砖雕以及名家石刻，不但体

现了观山建筑特有的魅力和深厚的文化底蕴，更是铭刻着代代观山人漂洋过海、敢拼会赢、不忘乡情的赤子之心。为了更好地保护性开发利用这些凝固的艺术，让更多的人可以领略古建筑的艺术魅力，观山村积极收集、整理、编制有关古厝的历史人文资料，设立写生基地，不断深化古厝群建筑文化内涵，着力打造观山村“美丽乡村”的文化名片。

四、“四化”同步，进一步扮靓美丽观山

立足“视觉美、自然美、实用美”这一“美丽乡村”建设定位，观山村以“四化”（净化、花化、硬化、亮化）为抓手，同步推进，真正实现“增美减丑，增减挂钩，一增一减”的目标。一是建立卫生保洁长效机制；二是投入20多万元种植茶花、海棠花、三角梅、扶桑各1万株，实现观山村花化；三是拓宽提级改造环村道路，实现观山村村主干道硬化；四是架设安装路灯122盏，实现观山村村主干道亮化。

山东省临朐县
牛寨村

村庄资讯

地理位置或行车路线

位于山东省潍坊市的最南端，淄博、临沂、潍坊三市交界处，距青兰高速公路张家坡出口7公里，北距省道薛馆路12公里，交通便捷。

最佳休闲时间

3～10月

一、原汁原味农家乐，让乡味四溢

九山镇牛寨村位于山东省潍坊市的最南端，淄博、临沂、潍坊三市交界处，距青兰高速公路张家坡出口7公里，北距省道薛馆路12公里，交通便捷。共辖8个自然村，426户，1 380口人，总面积15平方公里。先后被评为山东省绿化示范村、省级旅游特色村、好客山东最美乡村以及中国最美休闲乡村称号。

发展乡村旅游要保留乡土性。近年来，该村“两委”牵头成立了乡村旅游专业合作社，依托丰富的旅游资源、优美自然风光、独特的果香文化，以乡村旅游示范村建设为切入点，着力打造农家乐精品旅游工程，让更多游客在徜徉于自然美景，感受山水情怀的同时，还可以畅享吃农家饭、睡农家炕、野外宿营、欢乐采摘、垂钓烧烤等特色乡村旅游项目的乐趣。

由南牛寨村整村搬迁改造建设的神牛谷农家乐旅游综合服务区，一排排“古色古香、江南水乡”建筑风格的农家乐格外吸人眼球。这个旅游综合服务区的前身是该村的一个小自然村——南牛寨村。经过对南牛寨村进行整村搬

迁，并采取土地置换的方式，对旧宅基地进行复垦，打造成神牛谷景区的农家乐旅游服务区。目前，共建成2层楼房农家乐37户，平房农家院20户，可以同时容纳200人住宿，500人就餐。如今的牛寨村，乡情四溢，一排排房屋白墙黛瓦、整洁有序，增添了一道亮丽风景，也进一步提升神牛谷景区的旅游形象和接待水平。

二、整合资源铸品牌，与乡野约会

果品种植业是牛寨村民增收致富的支柱产业。近年来，村“两委”带领全体村民大干苦干，先后对石牛崮流域、双龙流域等荒山流域进行了大规模综合开发，在4 000多亩荒山上栽植了苹果和桃树。目前，牛寨村的苹果取得了国家地理标志产品证书，果品的品牌效益进一步放大。牛寨村不仅风景优美、林果资源丰富，而且文化底蕴深厚，发展乡村旅游有得天独厚的条件。古齐鲁长城、古铜陵关位于景区周边。万亩黑松林旅游度假区、八棵树景区、万亩板栗基地众多景区景点群星璀璨，散落在绿水青山之间，围绕在牛寨村四周，50多公里的林海大道如一条玉带，将各个景区景点串成一体，连成一线，环抱着美丽的牛寨村。

三、提升品质优服务，把乡情留住

为了给游客提供更加便利、舒适、快捷、实惠的旅游服务，进一步提升景区的档次和水平，牛寨村全力抓好各景区建设配套，提升旅游服务质量，提高接待服务水平，让游客感山水情怀，把乡情留住。

近年来，先后完成草沟村改造建设工程、草沟民族文化广场建设、重修建成了观音山藏龙寺大殿、新上高标准农家乐餐馆3家，完成了24户农家乐前立面改造。按照统一建筑风格、统一建畜圈、统一建公厕、统一绿化、统一硬化的"五统一"标准，实施人畜分居、旧房改造、庭院美化，彻底改善村容村貌。同时，依托果品资源建成了游客采摘园，举办采摘节，如今的牛寨村已初步建成了集吃、住、游、娱于一体的农家乐生态旅游区。

"君从故乡来，应知故乡事。"乡情、乡味、乡音勾画出九山镇牛寨村的乡村旅游新风景。

山东省广饶县
刘集后村

村庄资讯

地理位置或行车路线

东接东青路，北邻潍高路，毗邻青州、寿光和临淄，区位优势明显，交通便利。

最佳休闲时间

5～10月

刘集后村位于山东省东营市广饶县大王镇，东接东青路，北邻潍高路，毗邻青州、寿光和临淄，区位优势明显，交通便利。全村共400户，1 410人，耕地1 691亩，以经商、务工、运输、养殖为主导产业。

刘集后村具有光荣的革命传统。中共刘集支部成立于1925年春，是全省乃至全国建立最早的农村党支部之一，传播、使用和保存了我国首版中文译本《共产党宣言》。2009年10月18日，时任中共中央总书记、国家主席、中央军委主席胡锦涛亲临刘集村视察，对刘集支部的工作给予充分肯定，在农家小院向全国农村基层党组织发出号召："村民富不富，关键看支部；村子强不强，要看领头羊"，并提出了"让刘集村这面旗帜高高飘扬、永远飘扬"的殷切期望。刘集后村牢记总书记嘱托，坚持把加强村班子和党员干部队伍建设作为龙头工程来抓，按照打造"两清一红"村党组织的工作目标，在全村党员中开展"党员户挂牌亮相"活动，实施了"定责、选岗、履职、争先"四步运行机制，建立健全了村"两委"公职化管理和全日制办公制度，规范了党员干部行为，提升了村级工作规范化

水平。2010 年，刘集后村党支部被市委组织部命名为全市“第三批基层党建工作示范点”，同时获得广饶县“红旗党支部”的荣誉称号。2011 年被评为“全国先进基层党组织”、“山东省先进基层党组织”。2012 年被评为“山东省生态文明村”。

刘集后村依托广饶红色刘集旅游景区，以红色文化教育和绿色休闲生态文化为主要着力点，并结合农家乐、生态游，打造具有地方特色的休闲乡村。广饶红色刘集旅游景区于 2013 年成功创建成为国家 AAAA 级旅游景区，刘集后村借助这一成果，发展旅游业、农家乐、生态游，保护民俗文化，建设村庄整洁、乡风文明、生活富裕的美丽新乡村。

一是打造独特的村容景致。加强村庄绿化、亮化、美化等工程建设，实施“村容村貌整洁”运动，高标准实施村庄街巷绿化、围村林建设，鼓励群众开展庭院绿化、美化，见缝插绿，美化环境，营造了“村在林里、房在绿中、人在花间”的氛围，形成绿荫环绕的生态宜居家园。目前，共完成围村造林 150 亩，绿化率达到 70% 以上。不断加强基础设施建设，并保持原生态，协调乡村各元素，建设传统民俗文化、红色文化、现代文化为一体的新新农村。

二是形成良好的精神风貌。积极营造良好的文化氛围，满足农民群众日益增长的精神文化需要，大力发展农村文化事业，积极组织村民成立了刘集后村“红旗”文艺宣传队，不断满足群众的精神文化生活需求。制定村规民约，规范村民行为，提高村民素质。把对村民道德建设当作一项大事来

抓，制作了一些道德建设标语，进一步推动了文明工作不断向广度和深度发展。形成了村民尊老爱幼，邻里相互关爱，村民生活怡然自得，民风淳朴，热情好客的新风貌。

三是整合多元的产业功能。结合红色旅游，大力发展高效生态农业。

深入实施产业强村富民战略，促进农民增收致富，村党支部确立了“打造一个品牌、拉开一个框架、组建一个集团、发展五大产业”的发展思路。2010 年注册成立广饶红色刘集旅游开发有限责任公司，本着带领群众共同致富的原则，充分挖掘现有旅游资源，按照高起点、高科技、高附加值的发展方向，打破传统农业发展模式，制定了发展红色旅游业和生态休闲两大产业的主导思路，着力做好红色旅游特色品牌，强化深度文化体验，建设有影响力和长久生命力的旅游项目，依托红星花卉公司、海龙养殖基地、红色庄园，推进生态休闲类旅游产品建设，构筑了红绿相映、资源共享、融会贯通的发展格局，完成旅游产品由红色教育向文化体验和生态休闲的转型。通过建设美丽休闲乡村，发展特色旅游业、打造农家乐与生态游，解决了一定数量的剩余劳动力，创造更多的就业上岗机会，职工本地化率达到 80% 以上，直接带动了农民的收入的增加。2014 年接待参观人数达到 60 万人以上，带动当地宾馆、餐饮等服务业发展。

河南省陕县
北营村

村庄资讯

地理位置或行车路线

位于河南省三门峡市陕县县城南部的张汴塬上。

最佳休闲时间

5～10月

在豫西的黄土高原地带，有一种独特而神奇的民居地坑院，这种民居被专家誉为“地平线下古村落民居史上活化石”，3000多年来，地坑院的居民生生不息，地坑院的建筑样式千年不变。河南省三门峡市陕县的北营村就是这种古村落的杰出代表。

地坑院是在平地上挖6～8米深的方坑，在四壁上凿出8～12孔窑洞，把其中的一孔挖成斜坡作为连接地面的通道。地坑院是豫西地区特有的一种民居建筑形式，具有冬暖夏凉，防风、防震、防盗，省工、省料、省钱的特点。如今在陕县分布着200多个地坑院群落，有10 000余座地坑院，面积之大，数量之多，在中国乃至世界也是独一无二的。地坑院距今已有数千年的历史，作为一种神奇而古老的民居样式，它蕴含着丰富的历史、文化信息，反映了人类社会发展进程中人们的宗教信仰、社会状况、经济水平等演变轨迹，是劳动人民勤劳智慧的结晶。

独具特色的地坑院群落，被专家学者誉为“地平线下的村庄”、“地下的北京四合院”、“中国生土建筑的杰出典范”、“中国生土建筑的最高成就”。2013年被批准为国家文物保护单位，2007 年被命名为“中国地坑院文化之乡”。2011 年“地坑院营造技艺”被国务院录入第二批国家级非物质文化遗产名录。

为了使更多的人了解地坑院，走进地坑院，感受地坑院的神奇魅力，北营村在原有地坑院群落的基础上，把地坑院古村落建成了陕州地坑院景区。

景区规划面积 5 平方公里，布局由北向南依次为生态观光区、核心旅游区、休闲度假区三大板块。景区的形象定位是：人类穴居活化石，地平线下古村落。

生态观光区主要有休闲观光、高效农业、时令果蔬采摘、生态展示等。

核心游览区主要由休闲广场、游客服务中心、民俗文化园、中华八卦大院、餐饮中心和陕州老城一条街六部分组成。民俗文化园通过对遗存的地坑院进行保护和整修，展现民俗文化传承。中华八卦大院，按照易经八卦的八个方位，在每一个方位上营造三座连通的地坑院。餐饮中心由五座地坑院组成，建筑形式有正方形、八边形和圆形，是对传统地坑院营造技艺的创新。陕州老城一条街全长 200 余米，为仿明清风格建筑，主要经营

马迈方/摄

陕州特色商品和小吃，手工作坊、茶馆、客栈、戏楼满足游客品味饮食文化的需要。休闲度假区主要以南营自然村为核心为游客提供休闲、度假、养老场所。景区外围的观光塔、观光城堡为游客登高远望，远眺黄河雄姿、三门峡市和陕县县城风光，近看黄土高原地貌、地坑院民俗文化园提供方便。

陕州地坑院景区以黄土高原的地形地貌为依托，以地坑院的营造技艺为载体，以民俗文化为灵魂，以矿温泉水开发为提升要素，展现地坑院悠久的历史文化和独特的建筑形式，体现乡村的古朴魅力和传统韵味。景区特色可以概括为四句话：突出一个特色：就是突出地坑院的建筑艺术特色。打造两个亮点：一是生态观光园，二是民俗文化园。推出三张名片：一是温泉，将矿温泉水开发和地坑院有机结合，提升景区档次；二是文化，围绕影响重大的黄帝文化、黄河文化、虢国文化和我们本地的周召文化、陕州文化提升景区地位；三是生态，通过高端绿化，提升景区的品味。实现四个卖点：地坑院中泡温泉、寻根怀旧看民俗、时光穿越逛古城、乡风山韵生态游。

景区遵循“政府主导，公司运作，招商引资，市场开发”的开发方针，在确保工程质量、进度、安全的前提下，力争通过 3 ~ 5 年的努力，将景区建设成地坑院文化遗址国家公园、国家 AAAAA 级旅游景区、中国传统建筑文化旅游目的地、中国最美乡村。

湖北省保康县
尧治河村

村庄资讯

地理位置或行车路线

位于湖北省保康县马桥镇，地处房县、神农架和保康三县（区）交界处，是一个典型的偏远高寒山区。

最佳休闲时间

4～10月

一、尧治河村概况

湖北省保康县尧治河村，亦名尧子河，曾为尧帝之子丹朱所居所治之地，地处湖北房县、神农架和保康三县（区）交界处，平均海拔1 600米，总面积33.4公里，位于湖北武当山与神农架两大核心景区的中间地段，是"一江两山"黄金旅游线路的必经之地。村内植被丰富，风景秀雅，远离尘嚣。全村有164户，649人。

二、主要特色

尧治河村自然景观奇峻，资源丰富，人文底蕴深厚，经济发达，人民生活富裕。

尧治河村境内以尧帝大峡谷为主，共有四大谷、二十六峡及其他自然景观共67处。冬暖夏凉，气候宜人，适合种植各种高山蔬菜、水果，是众多名贵中药材的天然原产地。尧治河村历史上长期归属房县，直至明弘治十一年（1498年）划归保康，文脉承属于"房陵文化圈"，文化特征鲜明突出，文化形态多元复杂。至今，巴楚文化、流放文化、神农文化、野人传说、道教文化等均在尧治河

村有较为典型的体现。

尧治河村的旅游业开发与建设启动于20世纪初期。2008年，尧治河村被评为“全国文明村”，2009年被评为“湖北省旅游名村”、“湖北省新农村建设示范村”，“绿色幸福村”省地质公园，2013年被评为“全国休闲农业与乡村旅游示范点”，国家AAAA级旅游景区。

尧治河在发展高山富裕乡村的过程中，为生态农业的发展奠定了坚实的基础，生态农业的发展与脱贫致富及旅游业发展紧密联系在一起。尧治河休闲农业园总占地面积2 085亩，专业餐饮酒店及宾馆2家，农家乐餐馆及旅馆110家，生态休闲农业的产品除在旅游目的地为旅客提供即时消费以外，还被深加工成各种类型的高附加值产品，通过景区售点及省内外各大超市及专卖店销售。

尧治河村秉持多元、生态、循环、可持续发展的理念，以磷矿业与水电业为基础，利用自身的自然风光与自然资源迅速实现产业的调整与转移，大力发展旅游业及生态农业。尧治河村发展旅游业及生态农业的过程，也是美化村子的过程。经过尧治河人十多年的努力，整个村庄如诗如画，宛如世外仙境。

尧治河村古木参天、溪水环流、奇峰密布、异石突起、瀑布飞泻、溶洞幽深，依托这些优越的自然资源，尧治河村系统规划旅游项目，建成的景点包括：观音阁、罗汉堂、梨花山庄、龙门广场、老龙宫、尧帝神峡、巴岩瀑布、滴水岩瀑布等。这些景点风光将自然界的鬼斧神工与人类的智慧结合在一起，既展现出巍峨雄壮的秦巴山水，又体现出浑厚古朴的尧帝文化。

尧治河村也是鄂西山区农业产业结构调整及大力发

展生态农业的典范。在脱贫致富的过程中，尧治河村休闲农业的发展已粗具规模，生态农业展现出尧治河村浓郁的乡土风情。

三、良好的精神风貌

尧治河村拥有一个自力更生、充满活力、孜孜不倦的基层党组织，一群民风淳朴、勤奋踏实、团结奋进的村民，一个满载先进荣誉的村落集体……他们是新时期中国共产党带领人民群众勤劳致富的典范，是“自力更生、团结奋斗、和谐创业、科学发展”为内核的“尧治河精神”的创造者，是改革开放的一面旗帜。尧治河人把以不断提高政治民主度、经济富裕度、文化丰富度、教育完善度、生态友好度、生活满意度、身心健康度、精神愉悦度、人际信任度、社会和谐度为目标，努力把尧治河建成“中国山区第一村”、“幸福和谐村”。

湖南省新化县 正龙村

村庄资讯

地理位置或行车路线

距湖南省新化县城 60 公里。

最佳休闲时间

4 ~ 11 月

正龙村位于湖南省新化县水车镇西北，辖 15 个村民小组，396 户，1 478 人，总面积 8 836 亩，其中水田 1 091 亩，旱田 274 亩，山林 5 130 亩，均在海拔 800 ~ 1 000 米之间。

正龙村历史悠久，文化源远流长，可以追溯到蚩尤原始社会时期。经过漫长的演化、沉淀、创新与融合，形成了苗、瑶、汉等多个民族共存的独特性的地域文化，是南方稻作文化与山地渔猎文化融合的历史文化遗存。这里梅山武术、医药、梅山宗教、梅山节庆、梅山服饰、梅山饮食等特色鲜明。这里的民居建筑独具特色。辖区内民居建筑多为板屋，集中民居达 200 多栋。这里的民俗风情得到很好传承。沿袭了吃年关饭、唱土地、送春牛、偷露水菜、尝新节等独特民间节庆；保留并发扬了龙狮舞、草龙舞、山歌、梅山傩戏、布袋戏等民间演艺；传承了“梅山教”、庆“梅山”、神树崇拜等宗教活动。

正龙村土地肥沃、梯田层叠、山林苍翠、水源丰富，水流清澈，仿佛山清水秀的世外桃源。150 余栋橄榄式小青瓦木房子鳞次栉比、错落有致的散建在村中。远远望去，屋脊连着屋脊，瓦片接着瓦片，宛如画家精心绘制的一幅

宜居图。

居民四周有巍巍的龙脑山，神奇的帽子石，历史悠久的蚩尤岭，妩媚妖娆的凤凰山，高耸入云的大云山，四季如春的燕子岩，威峻的马头山，八仙留下的神仙石和铜鼓丘，伞有七节洞、马头山瀑布，小龙戏水的鲤鱼滩，栩栩如生的团鱼石，环抱衬托着要反屋群居，整个村庄成为山清水秀景致万千的观赏胜地。正龙村2011年被评为娄底市最美乡村之一。

正龙村是紫鹊界梯田的一部分，正龙民居是紫鹊界梯田的主要景点之一，且正龙村古民居建筑群的发现，是研究梅山地区古民居建筑群的历史、艺术、科学价值的典型实物资料，极有考究及观赏旅游价值，更是人与自然的天人合一、和谐相处。2006年紫鹊界景区被评为国家重点风景名胜区和国家首批自然与文化双遗产。同时，紫鹊界梯田成功入选“老百姓喜爱的湖南百景”和湖南“新潇湘八景”，成功列入省人民政府28个乡村生态旅游示范点。近年来，紫鹊界梯田年年举办大型节庆活动，使紫鹊界梯田景区包括正龙村的知名度和美誉度大增。

正龙村位于国家风景名胜区紫鹊界梯田境内，交通方便，一是县城至紫鹊界梯田景区及景区内主干道的公路全部硬化；二是“村村通”公路完好；三是新溆高速公路建设平稳推进。且随着沪昆高铁、娄怀高速（娄新高速段）的全线贯通，从省会长沙到水车镇及正龙村将不足 4 个小时车程。四是道路分布合理，交通秩序良好，村内行车通畅，交通标志规范醒目。

正龙村自 2008 年紫鹊界开园以来年接待游客量 10 万人次以上，全村旅游年收入达 1 500 万～2 000 万元左右，农民旅游收入占总收入的 50% 以上，自开展旅游业以业，旅游收入已成为村民创收的重要经济来源，旅游的发展不仅促进农民增收，而且提高了居民就业率，全村人口共 1 478 人，村里有 15 家农家乐和 10 余家商品，乡村旅游就业人数达 200 人以上，就业人数占本村劳动力比重的 30% ～ 40%。

广西壮族自治区灌阳县
小龙村

村庄资讯

地理位置或行车路线

从桂林乘直达车到灌阳县城（159 公里），灌阳县城乘旅游班车到小龙村委会（11 公里）。

最佳休闲时间

3 ~ 12 月

小龙村位于广西壮族自治区灌阳县新圩乡西南面，距县城 11 公里，有旅游专用公路直达省道 201 线，是千家洞（黑岩）AAAA 级景区腾龙洞的入口，南与灌阳镇苏东村接壤，西北与大龙村相接，东北与潮立村毗邻。村民自明洪武元年从江西景德镇迁入，现有 14 个村民小组，360 户，1 045 人，总面积 13 657 亩，耕地面积 638 亩，其中水田 438 亩，果园 200 亩，有山林面积 5 000 亩，人均年收入近万元。2013 年小龙村获得“广西壮族自治区第二批特色旅游名村”称号。

小龙村四周青山环绕，掩映在青山绿水间的 6 个村错落有致，早期建筑和乡村风貌保存良好，生态环境宜人。古建筑大多建于清末至民国初年，建筑的最大特色是青砖、碧瓦、马头墙，房屋依山傍水，布局合理，室内古色古香、雕梁画栋，屋外飞檐微翘、鳞次栉比。在村庄周围，分布着众多风光独具、远近闻名的自然景观。如一峰独秀的佛塔山，峰体高约 15 米，形状犹如一座耸立的塔，塔身由突出的石块叠成七级，一峰独秀，又像一支倒置的毛笔，故又名御笔峰。小龙村四周的群峰，连绵迭起，如同

多条苍龙齐聚，形态逼真，气势恢宏。憨态娇俏的小龙探角，佛塔山对面的峭壁之中伸出的石块，犹如小龙探出的犄角，仿佛害羞的小龙正好奇的偷看外来的游客。水墨丹青般的泼墨山崖，位于龙岩绝壁的右下方石壁，因风雨侵蚀和矿物作用，石壁产生了浓淡有别泼墨般的图案，仿如一幅书画大师的泼墨山水画。浪漫温馨的情侣林，位于千家洞景区黑岩洞的第一个出口附近，有一片面积约2 600平方米的古树林，树林中树龄500年以上的古树就有50余棵，而且这些古树都是成双成对生长，所以叫做 "情侣林"，这些古树主要品种有银杏、樟树、三角枫、松树等。走进树林，遮天蔽日，鸟语花香，树林中的两棵"银杏王"，树龄近千年，树高约30米，树干需5人合抱，一雌一雄并排矗立，每到夏末，雌树上果实累累，雄树枝繁叶茂，这两棵银杏树被誉为小龙村的"平安树"。蜿蜒而过的小龙河，河水清澈，两岸郁郁葱葱的灌木林映射在河水中，勾勒出清晰的倒影，走在岸

边，让人心旷神怡、流连忘返。河畔的农田里，油菜、向日葵、雪梨、黑李、超级稻等生态农作物依序点缀，春之油菜花开，一片花的海洋；夏之向日葵，一朵朵花儿迎着骄阳如同一张张灿烂的笑脸；秋之稻浪，丰收的喜悦；冬之银装素裹，一片圣洁。无论是农耕播种，还是春种秋收，其乐融融，好一派人与自然美好和谐的景象！

灌阳县委、县政府高度重视休闲农业和乡村旅游发展，把发展休闲农业和乡村旅游作为调整农村经济结构、促进农民增收和改善民生的富民产业，制定了“生态立县、工业强县、农业稳县、文化兴县、旅游旺县”的发展战略，并将小龙村列入重点建设内容。

为进一步发展小龙村的休闲农业和乡村旅游业，灌阳县2012年9月完成了灌阳县小龙村旅游发展规划，依托当地的历史、生态资源和特色产业优势，把新农村建设与发展乡村旅游紧密结合起来，体现出前瞻性、科学性、控制性和可操作性。实现了休闲农业与乡村旅游发展思路的定位，规划的统一，功能的合理配置。

海南省三亚市
槟榔村

村庄资讯

地理位置或行车路线

从三亚绕城高速公路槟榔互通连线至凤凰路路口。

最佳休闲时间

全年

槟榔村位于海南省三亚市西北，地处市区和三亚凤凰国际机场中段，离市区仅6公里，距离三亚湾海滩和三亚凤凰国际机场10公里。海南西线高速和三亚绕城高速经过槟榔村旁边，为槟榔村往来于三亚任何地方提供便利。槟榔村地处凤凰镇水源池水库下游，东面背山，南面朝海，槟榔河贯穿全境，形成一副依山傍海、绿水环绕的田园格局。

槟榔村是自然形成的纯黎族村落，共有5个自然村，15个村民小组，全村近1 300户，常住人口近7 000人。

槟榔村现有耕地面积4 300多亩，其中水田3 900多亩，种植槟榔、芒果以及反季节瓜果蔬菜和设施农业，是村民收入的主要来源。在进行传统种植，保持传统文明同时，利用网络，形成“产—供—销”模式，延伸产业链条，最大限度地使农民增收。

在发展农业的同时，槟榔村还契合国际旅游开发，结合本村特色，发展黎家旅游项目。槟榔村拥有原生态的自然环境、纯黎族村落的人文条件以及便利的交通，是发展黎族乡村旅游的首选。槟榔村开发的热带黎族风情园弥补

三亚旅游项目中的空白，对完善旅游市场，丰富旅游元素，弘扬黎族文化传统，增加居民收入起到了积极作用。

槟榔河贯穿全村，村内家庭庭院大都沿河分布，同清澈河流形成一道独特景致。房屋设计科学卫生，洗澡间、卫生间、停车场、绿化带等现代设施都一应具备，同时房屋顶层还加盖黎族特色的房顶，具有黎家特色气息。庭院椰子树和槟榔树相互交错，圈养家禽，传统与现代文明交相辉映，浑然一体。

近些年，槟榔村为打造最美乡村，开发黎家旅游，从多方面采取措施推进：一是对村开发总体规划有明确方向，主要发展农家乐等与黎家有特色的相关项目，对千篇一律，可复制性强的项目拒之门外；二是建立多元的资金融合渠道，在政策允许范围内，以土地融资、村民募资等多种形式，吸纳整合资金，发展村内经济；三是对村容村貌的严格治理，槟榔村和村内部分公司联合聘请清洁人员，确保村内卫生整齐，对产生的垃圾

也及时处理；四是采取典型教育模式，对优秀家庭采取奖励等相关措施，对违反政府规定和村规民约的家庭在相关问题上采取一票否决形式；五是对困难户的关爱和慰问，对于家庭有小孩上大学、或者患病等家庭，槟榔村积极向上级部门申请低保，向村内企业申请助学金等方式，尽最大努力积极关照。

在上级部门的关心指导下，全村人民群众一起奋斗，槟榔村先后获得“全国生态文化村”、“全国文明村镇工作先进村镇”、“海南省先进基层党组织”等荣誉称号。

9 000 亩，推进了全村土地规模化、集约化、标准化经营，促进了农村产业结构调整和现代农业、乡村旅游发展。

集体村成立了早熟梨专业合作社，人行水泥路通达各家各户，95% 以上农户饮用上安全卫生的自来水，75% 以上农户使用上沼气和卫生厕所，建有群众广场、舞台、院坝篮球场、健身设备，以及广播站、文化书屋等，农业农村基础设施较为完善。

为进一步促进“农业增效、农民增收”，该村依托早熟梨、茶叶、花木等特色产业基地，通过举办梨花节、采梨节、采茶节等农业节庆活动，建设梨园乡村旅游观光环线，完善休闲旅游基础设施，大力发展乡村生态休闲旅游业，年接待赏花、采梨等体验参与型游客达 20 万人次以上，呈现出“茶山梨海十里花，美丽天坪我的家”的美丽画卷。

四川省苍溪县
文家角村

村庄资讯

地理位置或行车路线

位于秦巴山脉南麓，距县城23公里，距国道212线6公里，距广南高速入口13公里，县道白三公路通村而过。

最佳休闲时间

全年

四川省苍溪县石门乡文家角村，位于秦巴山脉南麓，距县城23公里，是省级示范新村、万亩现代农业柳池示范园区和国家AAA级旅游景区，交通便利，距国道212线6公里，距广南高速入口13公里，县道白三公路通村而过，全村共7个组，229户，786人，面积3.3平方公里。

文家角村好山好水，乡村风光秀美。这里气候温和，四季分明，平均海拔480米，全村森林覆盖率达到65%。境内有秀美的中型人工水库——文家角龙湖，有大巴山风情的石门(文家角)山歌发祥地，有春来三月万树梨花争艳，十月仲秋猕猴桃果飘香，得天独厚的资源禀赋为发展休闲农业奠定了基础。

文家角村结合乡村旅游和新村建设，集中建设了居民小区，民居多依地形、就势而筑，依山傍水，错落有致；采用石、砖、木、竹等多种材料、运用多种设计手法，其结构多为穿斗式木构架，悬山式屋顶前坡短、后坡长，多外廊，深出檐，造型空透轻盈，色彩清明素雅。

文家角村根据因地制宜原则，以红心猕猴桃为主导，配套发展小家禽、水产生态养殖、乡村旅游的思路，按照

田成块、路成网、渠配套、耕作机械化、灌溉自流化、管理监控智能化的要求，利用园区建设和渠江流域改造，安装智能管理系统平台一个。按照管理监控智能化的要求安装了村域、民居、产业园监控系统和大型电子显示屏，新建医务室1个、超市2家，被称为“智慧新村”。

按照“生产发展，生活宽裕，乡风文明，村容整洁，管理民主”的要求，紧紧围绕“生态宜居、生产高效、生活美好、人文和谐”的发展思路，坚持产业带动，以发展经济、增加农民收入为核心，以改善农民生产生活条件为重点，硬化村组道路12公里，形成一环两纵三横的交通网络，强化了基础设施建设，安装猕猴桃园区自流喷灌设备500余亩，全面实现产业现代化管理。力争使该村在经济发展、农民增收，村容村貌整治，基础设施建设、精神文明建设和民主法制建设上取得新成绩，为全县新农村建设起到模范带头作用和率先实现了全面小康。

文家角村既继承传统文化精髓又焕发新文化光辉，山歌文化及皇帝包故事传说等，暨倡导新民风，又教育人们勤劳致富，为现代农业园区注入鲜明的传统文化活力。通过弘扬传统文化，开发带有浓烈大巴山情结的石门（文家角）山歌，目前石门（文家角）山歌已纳入市级非物质文化遗产保护。

文家角村立足农村实际，始终坚持把提高休闲农业与乡村旅游效益和新农村建设、实现农民增收结合起来，夯实基础，突出特色，塑造品牌，使休闲农业与乡村旅游成为改变村容村貌、农民增收致富的有效途径，以“中国最美休闲乡村”为标准，兴办大旅游、带动大产业、

拓展大市场，打造出万亩省级现代农业示范园区，融专业生产、加工、科考、观光为一体的特色产业园区，覆盖全村90%以上的农户，走出了一条农业、生态、文化、旅游“四位一体”，一二三产业互动共融的休闲农业与乡村旅游协调发展的成功之路。

走进文家角村柳池现代农业园区，处处是景点，家家有特色，人与自然和谐共融，往日农民忙碌的果园、菜园、养殖场成了城市居民的休闲场所，春天的花海、夏季的湖水清凉、秋日的采摘、垂钓、岁末的山歌，让游人进入天然、野趣、清新、恬静、自然的五彩世界赏和体验山水画、田园诗、民俗歌、生活曲的休闲乡村游，不仅让游客流连忘返，更让村民个个喜上眉梢，收益颇丰。“情深绿叶爱藤娇，色若猕猴状若桃；佳酿果汁尤健体，诸多病灶似冰消”。这是人们对猕猴桃的赞美，春天，成片的猕猴桃枝繁叶茂，一派无边旷野连天碧的壮美；秋天，毛茸茸的果实挂满枝头，压弯树腰，金秋十月，猕猴桃采摘体验又成为一道靓丽风景。如今的文家角村，房在湖边座，人在画中行，一户一景点，一山一风光。成功推出以“游龙湖风光，赏民俗文化”，以“观皇帝包胜境，揽桃园风光”为重点，形成特色鲜明的“春观花、夏避暑、秋品果，冬赏山歌”的生态家园观光游和“住农家院、吃农家饭、摘农家果、享农家乐”的生态农业体验游，促进了该村和带动了周边农村的农业和旅游业全面发展。

云南省巍山县 东莲花村

村庄资讯

地理位置或行车路线

线路一：下关—永建镇—东莲花村；

线路二：巍山县城—永建镇—东莲花村。

东距关巍公路 1.2 公里，南距县城 25.5 公里，北距下关 29.5 公里，连接永建镇西边的红河源公路穿村而过。

最佳休闲时间

夏季和秋季

东莲花村位于云南省巍山县西北部，永建镇坝子中部，建于明代初，至今已有 600 多年的历史。全村自东向南呈长蛇状延伸，地势平坦，交通便利，区位优势明显，东距关巍公路 1.2 公里，南距县城 25.5 公里，北距下关 29.5 公里，总面积 12.4 平方公里。连接永建镇西边的红河源公路穿村而过，交通条件良好，自然环境优美，民风民俗古朴，传统文化底蕴淳厚，为坝区纯回族自然村，也是茶马古道上的一个重要驿站。村内民居风貌古朴，清真寺、碉楼等古建筑鼎立村中，是极具地域特色的伊斯兰文化与地方传统民族文化相融合的古村落。东莲花村因伊斯兰民族风情浓郁、马帮历史文化悠久， 2005 年 11 月，被巍山县人民政府列为县级重点文物保护单位；2007 年 1 月，被云南省人民政府列为“省级历史文化名村”； 2008 年 10 月被住房与城乡建设部、国家文物局公布为中国历史文化名村，是迄今全国唯一获此殊荣的纯回族自然村。

东莲花村周围林木葱郁，田园丰沃，水流淙淙，鸟语花香。村东村西各有一个池塘，潭水如镜，风景如画，水流常年不断，从村内、村外流过。村中道路整洁，各户

庭院栽花种树，民风淳朴，村民生产生活秩序井然，充分体现了人与自然和谐统一的生活状态。村内至今完好保存着建于清末民初的角楼5座及具有三房一照壁、四合五天井、窜阁楼等式样特点的古民居28院，古建筑总面积28 030平方米，建筑整体风格比较统一，不但数量多，保存完好，而且各具特色，处处体现出传统回族文化与其他民族的优秀文化和谐相融的特点。东莲花村至今还完整保留着古老风俗，传统礼仪、民族服饰、饮食文化与民族工艺等都遵循穆斯林的传统，富有异域风情。该村是茶马古

道重要驿站，保存至今的古民居、马帮用品等是马帮文化在东莲花村的集中体现，充分展现了马帮的历史文化价值。近年来，各级政府加大了对历史文化名村东莲花村的保护和开发工作，依托项目完善村内基础设施建设。投资 2 000 多万元实施了小康示范村、民族团结生态示范村、回族特色村、东莲花保护设施建设等项目，改造村内道路、沟渠，修建村内停车场，建成污水处理设施 1 座，实施电力电讯、给排水、路灯安装、环卫等市政工程。村内基层组织健全，各项规章制度健全，运行有序。村民遵纪守法，勤劳善良，互敬互爱，和睦团结，与周边各民族和谐共处，整个村庄历史文化底蕴厚重，村容村貌整洁，渠水清冽，邻里和睦，村邻友好，充溢着和谐与宁静，积淀着历史与发展，成为和谐民族村的典范。

贵州省黄果树县 滑石哨村

村庄资讯

地理位置或行车路线

安顺至黄果树专线车，转乘观光车直达。

最佳休闲时间

全年

滑石哨村位于全国著名的黄果树风景名胜区内，距黄果树大瀑布 1 公里，距天星桥景区 3 公里，全村共有 60 户 280 人，耕地面积 610 亩。2013 年，人均纯收入 12 600 元。

这里山清水美，气候宜人。滑石哨地处河谷地带，属亚热带气候，冬无严寒，夏无酷暑。整个村子，犹如一幅山水画，四面环山，村在山中，房在林中，人在绿中，一年四季，鸟语花香，绿树成荫。村内，古木参天，上百年的树木，比比皆是，300 多年历史的葡萄藤，如碗口大小，曲虬攀蜒，穿梭古树之间，枝繁叶茂。具有 500 多年历史的榕树就有 12 株，最大的两株已有 2 000 多岁，整个树冠，犹如巨伞，覆盖几百平方米，茶余饭后，游客村民聚集这里，观布依舞，品农家茶，吃烤羊肉，休闲消遣，怡然自得。村脚就是长 350 米的螺丝滩瀑布，一泻而下，贯入白水河，由村北向南流去，动静相衔，流水不腐，清澈透底，鱼肥水欢。村边与山脚一带，传统农耕，梯田风光，四季景色各异，初夏之时，不同角度，不同景致，金秋时节，一坎一坎，黄澄澄的，又是一派景象每年，上万游客到这里驻足观光。

这里民居建筑独特，质朴自然。滑石哨坐落在小米山腰，依山势而建，整个建筑就地取石为料，石块为墙，石板的作顶，石头铺街，房屋外墙内木，疏密相间，错落有致，冬暖夏凉，街道迂回曲折，走马转角，高低起伏，沟坎相连，顺其自然，上千年来，一直保持这种古朴的民族建筑风格，1996 年被国家民委评定为全国第一个布依民族保护村。

这里民族文化厚重，民风淳朴。婚育方面，一直传承着赶表、坐家的习俗；民族工艺方面，精工蜡染、刺绣、织锦独树一帜，已成为闻名的旅游商品；民乐方面，铜鼓十二调、唢呐、月琴等，保存着古代乐器的演奏风格；节日饮食方面，鸡八块、油团粑等独具风味。受传统民族文化的熏染，村民淳朴善良，干净卫生，邻里团结和睦，对外崇善有好。

这里产业发展，致富路宽。采取“公司＋农户”模式，按照统一装修、统一经营等“五统一”模式，发展农家客栈。采取“协会＋农户”模式，发展农村餐馆20家，每天具备500人的接待能力。采取“基地＋农户”模式，大力调整农业产业结构，打造145亩黄果柑基地、210亩“五月大冰”基地、240亩梯田传统农耕基地，发展体验式观光农业。采取文化搭台方式，组建民俗表演队，吸引和留下更多客人。目前，滑石哨家家有致富路子，户户有挣钱渠道。

甘肃省和政县
吊滩村

村庄资讯

地理位置或行车路线

康临高速至和政县松鸣镇，兰临高速至临洮—康—和政二级公路至松鸣镇。

最佳休闲时间

5～10月

吊滩村位于甘肃省和政县松鸣镇南端，东接康乐县，南与太子山国家级森林保护区相连，临康和二级公路贯穿全村，交通便利，是松鸣镇的政治经济文化中心（镇政府所在地）。总人口417户1 756人，全村耕地面积为2 569亩。境内旅游资源丰富，省内外享有盛名的国家AAAA级森林公园——松鸣岩坐落于此，这里气候适宜，风光秀美，植被良好，草地宽广，具有得天独厚的旅游资源优势。

自1465年起，这里先后修建了玉皇阁、菩萨大殿、圣母宫、独岗寺等庙宇，镶嵌于悬崖绝壁，掩映在万绿丛中，气势雄伟，险要壮观。这里青峰接云、千年古松直插云霄，四季云雾缭绕、终年流水潺潺、鸟语花香、景色秀丽迷人。每当山风劲吹，松鸣如涛、震荡峡谷，故名“松鸣岩”。

相传很早以前，一位猎人上山打猎，忽然从松鸣岩顶上传来一个姑娘的歌声，猎人便飞奔上山，到了山上，歌声好像在山下回荡，等下山来寻时，歌声又回到了山上。直到天黑，猎人也没有寻到姑娘的影踪。猎人回家以后，把遇到仙女的事给大家讲了一遍，又把听到的歌唱了起来，后来大家都会唱这仙曲了，这就是人们现在唱的“花儿”。

大家为纪念这位留给人间优美歌曲的仙女，便在松鸣岩上修起了一座雄伟的菩萨大殿，并在猎人遇仙的那一天——农历四月二十八日，男女老少齐聚在松鸣岩，模仿仙女的曲调，唱起了欢乐的歌。

每当6月油菜花飘香的时候，和政的油菜花竞相开放，和政变成了金色的海洋，波浪翻滚，蔚为壮观。和政秀美的自然风光交相辉映。组成了一道独特的风景线。似乎更能体味到春日的温馨。一团团、一簇簇金黄色的油菜花和着田野的泥土气息，沁人心脾。

近年来，在县委、县政府大力发展旅游业的号召下，各相关职能部门充分发挥自身优势，扶持

乡村旅游发展，吊滩村通过大力发展旅游业，修建以吃、住、玩、娱乐为一体的别墅群接待中心1处，云海闲庭、花溪夏宫等高级宾馆2处，吊滩村拥有各种形式的乡村农家乐经营户25家，年接待旅游者65万多人次，直接经济收入740万元。每年吸引大量的游客前来观光、游览、消费，强有力地推动了吊滩村的产业发展，大幅度地提高了当地及周边群众的经济收入。

如今，吊滩村到处绿树成荫、满目花草，白天繁华热闹，晚上灯火通明，以风情小镇和松鸣岩景区为依托，观光休闲农业发展势头强劲，田园农家乐开发建设有声有色，一个最具魅力的休闲旅游乡村正在成为更多的都市人休闲度假的好去处。

宁夏回族自治区西吉县 龙王坝村

村庄资讯

地理位置或行车路线

位于宁夏南部山区著名的红色旅游胜地——六盘山脚下，火石寨国家地质公园和党家岔震湖两大景点之间，距离县城 8 公里，火石寨景区 20 公里，北接 309 国道，南连西三公路，交通便利。

最佳休闲时间

5 ~ 10 月

一、龙王坝村概况

龙王坝村坐落于宁夏南部山区著名的红色旅游胜地——六盘山脚下，位于火石寨国家地质公园和党家岔震湖两大景点之间，距离县城 8 公里，火石寨景区 20 公里，北接 309 国道，南连西三公路，交通便利，旅游资源丰富。龙王坝村土地总面积 12 000 亩，其中耕地面积 5 700 亩。村里居住着 400 户，1 700 口人，其中 80 岁以上的老人有 40 多位，90 多岁的老人有 8 位，是有名的长寿村。村里空气质量好、负离子含量高、饮用水源洁净，是一个理想的居住地。村里小梯田众多，梯田里种植着各种小秋杂粮，梯田边种植着杏、油桃等经济林，农林间作、自给自足、相得益彰。家家房前屋后都有小菜园，菜园里的蔬菜不打农药、不施化肥，是名副其实的绿色有机蔬菜。村里随处可见石磨、碾子，为当地发展民俗旅游提供了“原生态”的资源。

近年来，在县委、政府的正确领导、县农牧局的大力扶持和心雨林下产业专业合作社的示范带动下，龙王坝村以“生态休闲立村、乡村旅游活村”为思路，依托本村丰富的自然景观资源，大力发展休闲农业。在心雨合作社 3 000 万元的投资带动下，一个生态良好、环境优美、布局合理、设施完善的休闲乡村逐步形成。目前，龙王坝村形成了传统三合院、多种风格特色民居并存的美丽乡村风貌，建设有千亩林下油用牡丹基地、万羽林下生态鸡基地、林下梅花鹿养殖中心，农家餐饮中心、文化小广场、云台山寺庙群、山毛桃生态观光园等多种生态、人文和自然旅游资源。

二、发展方式及特色

1. 以林下经济为切入点，以国家项目为依托，做强休闲农业 村两委积极响应国家建设美丽乡村的政策号召，多方争取项目资金，合理利用林下空地发展中药材种植、畜禽养殖、开发无公害中草药和畜、禽、蛋等保健品，形成了“保护—开发—再保护—再开发”的良性循环。通过建设具有规模和示范效应的立体循环林下经济基地，提高土地利用率，推进产业

发展，增加综合效益。同时，以“一产带动三产、融合创新发展”的理念，大力发展休闲农业和乡村旅游，建成了以市民休闲度假、养生保健、主题教育和拓展体验为一体的龙泉湾山庄乡村旅游区，拓宽了村民就业渠道，增加了村民收入。探索出了宁南山区农民增收的新模式——林下经济与休闲农业结合发展。

2. 做好规划、突出特色，做大生态休闲旅游区 龙王坝村着力发展精品农林业、利用现有特色民居及自然资源，开发系列休闲观光、生态度假产品及商务休闲产品，将“低碳”理念融入每一个环节中，形成有别于其他景区的独特风光。结合实际，注重特色，完善设施，建设林下中药材种植、畜禽养殖基地，建设农事体验园、科普植物园、拓展中心等设施，让大家参与到农事体验中来，切身感受休闲农业的魅力，在广大青少年中普及休闲农业知识。

3. 以现代农业成果为推手，促进乡村旅游蓬勃发展 通过现代农业的拉动，将旅游产业与现代农业高度结合，打造“西吉首个低碳乡村旅游地”，以广泛应用太阳能和养殖园区动物粪便发酵沼气等技术，减少碳排放，在生产流程中体现环保，大力发展低碳经济和循环经济。进一步完善“农业生产、旅游度假、生态人居”的三大功能，将龙王坝村打造成集农业休闲观光、户外运动、养生居住为一体的复合型生态休闲乡村旅游区。

新疆维吾尔自治区尼勒克县
加哈乌拉斯台村

村庄资讯

地理位置或行车路线

省道 315 线，尼勒克至各县市县际班车均到。

最佳休闲时间

5 ~ 10 月

加哈乌拉斯台村位于新疆维吾尔自治区尼勒克县城以西 18 公里，是尼勒克县加哈乌拉斯台乡直属村，该村属于农牧业结合村。全村总面积 10.9 万亩。东与加哈乌拉斯台乡库斯仁村接壤，西与喀拉苏乡相连，南边为喀什河。截至 2013 年底，全村共有 437 户，2 050 人，由 6 个民族组成。

加哈乌拉斯台村位于省道 315 沿线，来往于尼勒克各县市的客货运车辆络绎不绝。生态环境优美，空气湿润、土壤肥沃、植被丰富，该村位于喀什河北岸，喀什河带来的湿润空气使得该村空气非常湿润。历史上古老的民族常年在此地放牧形成的丰厚养料，使得该村土壤十分肥沃，为农业、林果业的发展创造了良好条件。加哈村发挥本地优势，成立了红旗土鸡专业合作社、苹果专业合作社、树上干杏专业合作社、孕马尿专业合作社，为当地村民带来了不菲的经济效益。其中土鸡专业合作社饲养的本地土鸡，已注册了“红旗土鸡”商标，凭借鲜美的口感、丰富的营养享誉当地，已成为本地特色品牌，驰名远近，广受欢迎。

为建设美丽乡村，村委会进一步完善了村两委议事制度，落实民主集中制，做到村委班子分工明确，将推进美

爱国爱疆团结奉献
勤劳互助开放进取

丽乡村建设作为开展一切工作的出发点和落脚点。村党支部等组织开展各项宣传活动，将开展建设新农村的重要性和必要性向村民普及。采取村干部包巷、党员认领责任区的办法，推进美丽乡村建设进程。形成了一心一意谋发展，齐心协力共建美丽新村的工作合力。

利用自筹和扶持资金加强村级的基础设施建设和安居富民整村推进工程。规划修整条田主干道机耕路、建设条田渠、过路涵管、闸门、主巷道铺油、铺设自来水管道、实现“户户通”、对村里的危旧房进行改造、统一设计建设具有民族特色的基础设施，营造出良好的人居环境，有力地促进全村经济发展和农民生活质量的提高。

推进美丽乡村建设，生产发展是核心，生活宽裕是根本。为切实推进经济建设，村党支部、村委会一班人，坚持立足实际，一是通过搭建促民增收信息平台，二是壮大村级集体经济，三是做好助农增收等办法来扩大农牧民增收致富的途径。

通过“合作社 + 农户”、“养殖大户带小户”的发展模式，为连接农户和市场搭建了平台，拓宽了销售渠道，促进农牧民增收。

美丽乡村建设农牧民群众是建设社会主义新农村的主体力量。科学规划是建设社会主义新农村的基本前提。改善条件是建设社会主义新农村的基础工程。建好支部是建设美丽乡村的根本保证。

大连市庄河市 东滩村

村庄资讯

地理位置或行车路线

位于黄海北部，海王九岛风景区，北距庄河市 12 海里。

最佳休闲时间

夏季和秋季

大连市庄河市东滩村位于黄海北部，北距庄河市 12 海里，面积 3 平方公里，下辖 12 个自然屯，756 户，2 700 人。隶属于海王九岛风景区，是国家 AAA 级旅游景区、国家级海岛森林公园、全国农业旅游示范点、省级风景名胜区、大连市旅游专业村。

东滩村四面环海，海洋的天然调节作用使海岛具有宜人的半湿润季风性气候。这里四季分明，阳光充足，空气清新，夏无酷热，冬少严寒，年平均气温在 10℃左右，因为远离尘嚣，没有污染性工业，这里的大气环境和海水水质均达到国家一类标准，有“天然空调”和“天然氧吧”之美称，特别适合休闲避暑、观光度假。东滩村美景自然天成，旅游资源绚丽独特，宜人的气候、清澈的海水、湛蓝的天空、成群的海鸟、延绵的沙滩，加上神雕天琢的海蚀洞穴、奇礁异石，形成了蜿蜒的风景海岸线。多种珍稀鸟类在此繁衍生息，是濒危鸟类国家一级保护动物黑脸琵鹭在我国大陆的主要栖息地，除此外还有黄嘴白鹭、海鸬鹚、海鸥等数以万计的珍稀鸟类。瑰丽的海蚀地貌，壮美的奇礁异石，吸引着众多游客来此览胜探奇，觅仙寻幽。

1993年，海王九岛被省政府批准为省级风景名胜区；同年，被国家林业部门批准为国家海岛森林公园；1999年，被大连市海洋局确定为自然景观保护区；2007年被全国工农业旅游示范点评委会评定为全国农业旅游示范点；2010年被评定为国家AAA级旅游景区。

东滩村位于著名的海洋岛渔场附近，海产资源丰富，素有天然鱼仓之美誉。鱼、虾、蟹、贝、藻等资源极其丰富，盛产海参、海螺、海胆、虾夷扇贝、牡蛎、贻贝、黄鱼、黑鱼、鲅鱼、

龙须菜、紫菜等海珍品。东滩村所处的北纬 39° 属寒暑交界地带，是世界公认的最适宜海洋生物生长的纬度和海珍品原产地，这里距离黄海冷水圈较近，海流湍急，海水交换能力和自净能力都很强，是国家级清洁海域、水产健康养殖示范区，这里出产的海珍品有着特殊的营养价值和美味，海参已获得国家质检总局地理标志产品保护，海湾扇贝养殖荣获“辽宁省海湾扇贝特产之乡”称号，取得“国家无公害产地示范基地”认证 3 个、“大连市无公害产地示范基地”认证 7 个。以海上休闲渔业观光为主的亲海体验区，有海岛风光游、渔家风情游、赶海垂钓游、观赏渔业游、小岛野炊游等旅游项目。深入开展“渔家乐”示范户创建活动，引导“渔家乐”加快升级改造，不断丰富“渔家乐”内涵，提升“渔家乐”品牌价值。

紧紧围绕创建“国家风景名胜旅游区”和“国际化生态型旅游海岛”的发展目标，以经济结构调整为主线，改造提升第一产业，加快发展第三产业，完善海岛功能，关注社会民生，维护社会稳定，努力把旅游做大，把渔业做强，把海岛做美，把百姓做富，倾力打造魅力、富裕、生态、和谐、文明的国际化生态型旅游海岛。

厦门市同安区 顶村村

村庄资讯

地理位置或行车路线

地处厦门“北大门”，西北与泉州南安、安溪接壤。

最佳休闲时间

全年

一、顶村村概况

顶村村地处厦门“北大门”，西北与泉州南安、安溪接壤，全村面积6.67平方公里，下辖4个自然村，共有189户，672人。顶村村平均海拔450米，森林覆盖率达84%以上，拥有600多亩天然茭白湿地公园，1万多亩生态公益林。顶村村依山傍水，山环水绕，民风淳朴，自然田园与古民居、新村相得益彰，人文景观与深山鸟鸣、潺潺流水相映成趣。

二、发展历程

顶村村山地9 630亩，耕地仅有620亩，村民只能靠天吃饭。近年来，村党支部解放思想，大胆创新，勇于开拓，从挖掘村庄资源入手，采取引进来、走出去的办法，盘活资源，发展休闲旅游业，带领村民发家致富。2008年成功引进外资，带动了乡村旅游业的发展，也为村集体经济的发展和村民的致富插上了翅膀。2013年，村集体收入达44.2万元，农民人均纯收入12 000元。

三、主要做法及成效

1. 思路决定出路，敢叫青山变金山 顶村村是个山区村，生态保护良好，景色迷人，旅游资源丰富，村党支部大胆提出了开发生态休闲旅游的思路，并打破传统思维定式，采取招商合作经营模式，破解资金匮乏、管理运营经验缺乏的双难题。几经周折，于2008年成功引资建成万金湾国际露营地俱乐部、顶上国际山地车俱乐部、六度庐民宿、“青出于蓝”农牧体验、“森呼吸”户外运动等项目，受到了厦门及周边地区市民的青睐，昔日不为人知的顶村村逐渐成为市民旅游度假的休闲胜地。

2. 品牌创造力量，携手发展增效益 旅游项目的成功引进，不仅解决了顶村富余劳动力的就业问题，还进一步拓宽了茭白、土鸡、土鸭等土特产的销售渠道。茭白种植一直是顶村村重点发展

的特色农业，镇村干部联手，成立“一村一品”特色专业协会，用科技手段改良茭白品种，注册、打造“顶村‘绿茭林’茭白”品牌，引导村民规模种植，发展特色产业，促进农民增收。

顶村村通过引进企业开发旅游项目，为经济可持续发展带来了源头活水，从原来的负债40多万的贫困村转变为现在每年有稳定收入，集体资金202万元的富裕村，村民人均纯收入从原来排在全镇中后跃居全镇第一，实现了企业、村集体和村民的“三赢”。

新疆生产建设兵团第十师181团
克木齐社区二连

村庄资讯

地理位置或行车路线

位于阿勒泰市西北角，距216国道以西6公里，离阿勒泰机场9公里，距阿勒泰市17公里，北屯市54公里。

最佳休闲时间

夏季和秋季

大漠孤烟、长河落日；千里冰封、万里雪飘；河谷湿地、牛羊如珠；边境要塞、沙海绿洲……无数人间奇景，珍贵稀有的旖旎风光以及神秘的民族风情、军垦文化，自然与人文完美组合的旅游胜景，成为今日新疆兵团第十师181团克木齐社区二连倾力开发的一个重点。

克木齐社区二连位于新疆维吾尔自治区阿勒泰市西北，是阿勒泰山麓低丘立陵区的一个小型盆地，距216国道以西6公里，离阿勒泰机场9公里，距阿勒泰市17公里，北屯市54公里，半小时经济圈达17万人，总面积1.73万亩，耕地面积1.26万亩。现有总人口1 026人，主要由戍边战士、知青与内地移民构成，具有农耕文化的传承性与包容性。

因周围高山屏障作用，该垦区风少，早晚温差大，没有蚊蝇，这里适宜种植各类瓜果、蔬菜，自然景观具有田园风光特色，有塞外江南的美称。

1964年春，原兵团司令员陶峙岳、政委张仲瀚陪同农垦部部长王震将军来到被誉为“阿山脚下粮仓”的第十师28团（现181团）一营（现克木齐社区）视察时，当场挥毫一首脍炙人口的诗歌：塞外江南克木齐，屯边垦殖两相宜。田畴染绿黄沙净，林带成荫引路迷。戈壁翻身为沃土，阿山遍野走羊羝。共看白岭千秋雪，也作春潮灌入畦。

近年来，二连大力推进旅游业发展，全力以赴对项目部分景观进行科学合理的施工建设，努力提升文化旅游层次和对外影响力，加大旅游经典线路规划和地产旅游产品开发力度，以文化旅游发展强劲势头推动旅游业的发展。

2014 年，按照“阿山第一团、秀美一八一”的发展理念，181 团党委加大招商引资力度，着力打造克木齐社区二连生态农家建设。二连招商合作投资 5 000 万元，成立了金山塞外江南有限公司，全力打造的具有田园风光特色的生态园、采摘园、游泳馆、宾馆等集旅游、餐饮、娱乐为一体的综合性休闲农业旅游区；合作投资 1 000 万元，成立了阿山林海园艺有限公司，主要以打造苗圃培育、植物观光、生态园林为主的旅游区；投资 120 余万元，完成了兵团农家第一村的部分人造景观的建设工作。

依托玫瑰苑等特色农业项目，二连发展观光型农业，吸引周围城市居民前来观光、休闲，带动周边农家乐的发展；依托塞外江南生态园发展苗木基地，提供良好的休闲环境，并为城市建设提供充足的植物保障。

连队紧连阿尔泰山，旅游、探险、考古方便快捷。境内有空气清新，景色怡人的阿拉尕特夏牧场；有层峦叠嶂，山体宏伟的原生态牧场别克多克；建设有一流的新型花园式连队和别具风情的生态农家。

阿拉尕特旅游区位于新疆北部阿勒泰地区的中哈、中蒙边界阿尔泰山南麓，景区面积 60.28 平方公里；别克多克旅游区总控面积 149.58 平方公里，是阿勒泰地区优质天然草场之一。景区山梁阴坡翠松挺拔，阳坡牧草茂盛，沿途山路盘旋，怪石嶙峋，山谷松树和白桦树交相辉映，间或有旱獭、松鼠等小动物在林间嬉要。清澈甘甜的山泉顺山谷旖旎而行，潺潺而去，马牛羊骆驼等牲畜随处可见。在山谷中，不时可以看见洁白的毡房和袅袅的炊烟，犹如世外桃源，登高而望，层峦叠嶂、山体宏伟，牛羊遍地、空气清新、景色宜人，犹如置身世外仙境，是典型的原生态旅游景区。

按照“181团屯垦戍边史馆—克木齐小江南风光—观农家大棚蔬菜基地—农家乐—阿苇滩水库风景区”旅游线，二连作为农耕文化民俗风情和江南风光为主要风格的红色旅游、绿色生态农家乐的休闲度假旅游线路节点，使观光者回归自然的同时，感受到不同的民俗风情和兵团军垦文化的魅力。形成以边境军垦文化为主线的红色旅游、边境民俗风情游，实现红色旅游资源与绿色旅游资源互补。

新建开发的玫瑰园中，进入盛花期时，满眼的玫瑰花分外艳丽，非洲菊、百合，一朵朵绽放的嫣然如霞、娇艳欲滴。人们呼吸着清新的空气，伴着淡淡的花香，陶醉在万花丛中。园中还中有一些水果、农作物，特别适合长期生活在城市里的人周末的时候来休闲，放松，也让孩子们在这里长长见识，认识一下大自然。

玫瑰园的建成，不仅为本地市场提供了各种花卉品种，也为周边群众赏花游玩提供了场地。

经过近几年发展，新疆兵团第十师181团克木齐社区二连已初步形成了一批自然风光和生态农业观光旅游景区（点），成为名副其实的“中国最美休闲乡村”。

TESE MINSUCUN

特色民俗村

北京市门头沟区洪水口村
北京市平谷区张家台村
天津市静海县西双塘村
内蒙古自治区阿尔山市林俗村
辽宁省凤城市大梨树村
吉林省安图县红旗村
上海市金山区渔业村
浙江省庆元县月山村
福建省长泰县后坊村
江西省婺源县篁岭民俗文化村
河南省信阳市平桥区郝堂村
湖北省英山县乌云山村
湖南省石门县长梯隘村
广东省平远县畲脑村
广西壮族自治区灵山县大芦村
四川省南充市顺庆区青山湖村
云南省弥勒县可邑村
贵州省兴义市下纳灰村
陕西省平利县龙头村
甘肃省迭部县扎尕那村
青海省海东市乐都区新联村
新疆维吾尔自治区岳普湖县玛什英恩孜村

北京市门头沟区

洪水口村

村庄资讯

地理位置或行车路线

自阜石路至109国道，到双塘涧走灵山路即达。

最佳休闲时间

5～10月

一、洪水口村概况

洪水口村位于灵山脚下，是京西的一个小山村，海拔960米，素有“灵山门户”之称，环境优美，拥有丰富的自然资源和物产，地域面积22.3平方公里。耕地面积176亩，全村现有116户，291人，近年来本村的经济发展非常快，每年一个新台阶，民俗旅游大力发展。先后被评为北京郊区文明生态村、京郊山区发展先进村、北京市最美丽乡村、首都绿色村庄等。

二、以旅游发展带动民俗村增收致富

洪水口村距灵山主峰只有7.5公里，地理优势明显、旅游资源丰富。1998年村领导班子进行了产业结构调整，重点发展第三产业，旅游服务也就成了重中之重。2009年关闭铁矿，主打旅游牌，村内有两个景区——聚灵峡景区、二帝山市级森林公园。

聚灵峡景区位于洪水口村西侧，沿聚灵峡谷走约7.5公里，即可到达北京最高峰——灵山主峰（2 303米）。这里动物、植被丰富，是天然的负氧离子“大氧吧”。灵山、灵水、灵芝、灵字、灵物齐聚此处，或无声隐匿，或徐缓动人，或碧翠张扬，山一程，水一程，景一程，境一程。

二帝山位于洪水口村东侧东流水一带，属山岳景观，喀斯特地貌。二帝山山势巍峨陡峭，俊秀挺拔；岩石山峰造型奇特；山顶部植被繁茂，常年云雾缭绕，风景旖旎多姿。因其在文化渊源上与黄帝，炎帝文化有关，远观山顶又貌似炎黄二帝结盟之形象，故称“二帝山”。二帝山市级森林公园气候凉爽宜人，空气清新，土壤清洁，水质甘甜清冽，保持着良好的森林生态环境，成为京郊旅游的又一个亮点。

为促进洪水口村更好地发展，建立了洪水口旅游协会，其业务范围包括旅游接待、旅游产品开发、生态旅游开发、经验交流、组织培训、维护会员合法权益、接受旅游服务诉求。每年的 7、8 月份是旅游旺季，日接待量超过 1 000 人。2013 年底村集体总收入 1 961 万元，农民人均纯收入由 1997 年的 1 483 元提高到 14 160 元，民俗户平均年收入约 8 万元。

洪水口村把发展民俗旅游和社会主义新农村建设紧密结合起来，在对优质旅游资源开发与保护并行的基础上，着力发展京西深山区民俗旅游和自然风景旅游，全力保护生态与民俗文化，发展民俗旅游，充分把老百姓的积极性调动起来，把土地流转起来、资产经营起来，让每个村民入股能挣钱、资源能得钱、资产能分钱，将洪水口的明天建设得更加美好。

北京市平谷区
张家台村

村庄资讯

地理位置或行车路线

乘平谷 34 路公交即可到达。

最佳休闲时间

春、夏、秋三季

一、张家台村概况

张家台村位于北京市平谷区的东北部山区，镇罗营镇东南部。西南距平谷城区 36 公里，西北距镇罗营镇政府驻地 11 公里，黄（松峪）关（上）公路从村东经过，交通方便。全村总面积 4.67 平方公里，辖南水峪、范家台、朱家台和史家台共 4 个自然村，共有 78 户，231 人。

2009 年，张家台村实施了整村新农村改造，农民住进了干净整洁的新民居。新农村改造建设为民俗旅游产业的发展带来了新的契机，民俗旅游业发展如火如荼。2010 年张家台新村成功申报为北京市民俗旅游专业村。2012 年张家台新村被评为北京市最美乡村。在旅游产业的带动下，多年来一直是农民主要收入来源的果品产业如今已转变为村里旅游产业的附属产业，大大提高了核桃、红果、梨、板栗等主要果品的附加值。

二、经济发展

张家台村地处深山峡谷之中，群山环抱，泉水溪流四季潺潺，杨家台水库汇聚高峡平湖；1 000亩松柏人工林、1 500亩红果树林及自然生长的椴树、天然次生林、奇花异草满山遍野，构成了北方少有的集山、林、果、河、谷、泉、松、石、峰和谐统一的山水新村景象，被誉为“天然绿色大氧吧”。

张家台村坚持农旅结合的发展战略，重点包装建设了上镇至张家台道路两侧景观带、精品观采摘园，实现一产三产优势互补，充分利用好张家台依山傍水的优美风光，结合本地实际情况合理规划，整合优势资源，在做好做强传统民俗接待的同时，加大创新力度，积极开发河谷文化衍生品，打造成为 “吃、住、行、游、购、娱”完整产业链，打造真正的自驾休闲养生天堂。2009年以来，村民们的生活质量显著提高：过去靠产销干鲜果品，村民们的人均收入只有2 000元左右，户均收入

不足1万元。2010年起实施民俗旅游，全村接待游客总数约为6万人次，每户年均总收入约7万元。2013年人均纯收入为18 717元，排名全镇第二，老百姓们经济状况得到了很大的改善，村容村貌焕然一新。

为全面提升张家台村民俗旅游产业的整体品质，打破传统民俗旅游接待散兵游勇的发展瓶颈，于2014年4月成立了张家台村民俗旅游专业合作社。自2013年下半年开始，张家台村着手实施张家台民俗旅游专业合作社的建设，合作社制定了完善的规章制度，对民俗户开展了多期特色养生宴的培训和民俗礼仪接待培训，同时通过网上宣传软件平台为村民的民俗餐厅经营拓展客源。该合作社的成立提高了民俗旅游业的服务质量，促进了民俗旅游业创造品牌效应，实现长期稳定的发展。

通过发展民俗旅游，将村里的富裕劳动力实现了就近的转移就业，产业结构得到了科学调整。如今全村的旅游收入已经占到了农民收入的80%以上，成为张家台村最主要的收入来源，农民增收明显，成为京郊民俗旅游产业中的标杆榜样。

天津市静海县
西双塘村

村庄资讯

地理位置或行车路线

位于京杭大运河畔，距静海县城6公里，距天津中心市区45公里，距北京130公里，距天津机场60公里，距天津港70公里。

最佳休闲时间

全年

西双塘是天津市静海县双塘镇的一个行政村，位于京杭大运河畔，距静海县城6公里，距天津中心市区45公里，距北京130公里，距天津机场60公里，距天津港70公里。这里京沪铁路、京沪高速铁路临村飞架；新老104国道穿境而过，交通网络发达完善，海、陆、空交通十分便捷。

长期以来，西双塘始终坚持走集体经营、全面发展、共同富裕的道路。经过多年努力，由“一穷二乱”的后进村一跃成为全国全面发展的先进典型。先后获得“全国先进基层党组织”、“全国模范村委会”、“全国文明村镇”、“全国小康建设明星村”、“全国绿色小康村”、“全国文化典范村”、“全国民俗文化村”、“全国造林绿化千佳村”、“全国三八绿色工程活动优质工程”、“全国涉外旅游村”和“接待外宾入住农户定点村”、“美德在农家全国示范村”、“全国‘平安家庭’创建活动先进示范社区（村）”、“全国民主法治示范村”、“中国最有魅力休闲乡村”、“全国休闲农业与乡村旅游五星级园区”等国家级荣誉称号。2013年被国家旅游局评定为国家AAA级旅游景区。

一、集体经济壮大带动了休闲农业和乡村旅游大发展

西双塘村过去是全县十大贫困村之一。1990 年后，陆续建起了餐具、轧钢、有色金属轧延等 17 家企业。1994 年，被农业部评为全国最佳经济效益乡镇企业。到 20 世纪 90 年代末，全村建成了集冶金、化工、轻纺、机械、商贸、农业、畜牧养殖为一体的国家级综合企业集团——华隆集团，销售总额 7 亿元，年工农业总产值 6 亿元，利税 6 500 万元，人均收入超过 7 000 元。

从 1994 年开始，将全村土地规划成八个区域，即：精品粮区、冬枣区、林果区、畜牧养殖区、渔业养殖区、蔬菜大棚区、休闲垂钓区和观光旅游区。为了快速发展农业休闲旅游，先后开发出都市生态园、酒堡植物园、林果采摘园、林荫活动园和渔业养殖园等。极大地促进了农业的发展。现在，这里有始建于明朝的东五台寺，建于清朝的古街，还有唐宋风韵的书画一条街，草原风情的蒙古大营，风景独特的凤凰湖，令人流连忘返的荷花塘，四季如春的生态园，宽敞宏伟的凤凰台文化广场，造型别致的水城大剧院，丰富多彩的娱乐城，巧夺天工的“天下第一石”，吉祥高大的“天下第一象”，供外国游客居住的村民别墅楼，五星级的宾馆会馆、高档华丽的维拉庄园、具有加拿大风格的西美纳斯小镇等。俗话说，“上有天堂，下有苏杭”。到过西双塘的人都说，“南有苏杭，北有西双塘”。西双塘如同一颗闪亮的明珠，镶嵌在古老的大运河畔，闪耀在宽广的华北大平原。截至目前，已吸引了全国 200 万多人次的游客观光旅游。

到 2013 年，全村固定资产达 6 亿元，集体纯收入 1 亿多元，农民人均纯收入达到 3.5 万元。

二、生态环境建设促进了美丽村庄的形成

由于西双塘把“留一洼净土、积一湖绿水、保一片蓝天”作为一项德政事业来做，因而在大力发展工农业、旅游业的同时，不断加大对生态的保护和改善，实现人与自然的和谐发展。

1994—1996 年，将全村老旧的土坯房推倒，给每户村民建了占地 400 平方米、建筑面积 240 平方米的别墅楼，使村民告别了传统的土坯房，迁入了花园式别墅新居。2008 年，对老别墅楼进行改造修缮，村民的住宅变成了时尚的家园、国内外游客观光的景点和入住的农家院。2009 年，对原荷花塘进行改造，栽种上新型观赏莲花和树木花草，荷塘之上架设两条龙形走廊，弯道处还建了观赏凉亭，供游人小憩。这时的荷花塘，已是碧水蓝天，亭台楼榭，绿叶红花，绿树成荫，鸟鸣鱼戏，与人同欢。每到荷花塘游玩，都会心旷神怡，流连忘返。

在大力发展生态旅游业中，把现代循环生态农业作为美化环境的重要项目，建设了800亩凤凰湖水上游乐项目，游客可以自由采摘、观光及亲身参与，和大自然共享、共乐。并在湖畔渠旁、公路两侧、房前屋后、公园广场等植树、种花、铺草，使全村森林覆盖率达到55.8%， 由于森林面积的不断扩大和800亩湖面的开发，极大地改善了生态环境，形成了人与自然和谐相处的佳境。

三、文化底蕴的发掘提升了休闲农业和乡村旅游

西双塘位于古老大运河畔，明清时期，大运河水量充沛，漕运繁忙，南来北往的货物及客商云集在双塘码头，使双塘成为千帆竞发、经济繁荣的富庶之地，从而形成了西双塘古街和东五台寺以及双塘包子等古迹和非物质文化遗产。经过保护性修缮和开发，东五台寺已经成为占地面积120亩，拥有六座大殿、十多座配殿的大寺院。古街上具有200多家商铺，红门绿窗，尖顶青瓦；棵棵立柱，雕龙画凤，古朴典雅；顶楼为兽头斗拱，红灯高挂；门前小桥流水，路旁树木长青；夜间宫灯明亮，辉煌迷人。

为了把西双塘打扮的更美丽，现在，全村干部群众正全力以赴，向着把西双塘建成 “天津生态民俗旅游第一村”、“现代循环农业示范村”和“中国北方新农村社区建设先导村”的目标奋进，使西双塘成为民更富，村更强，环境更优美、魅力更诱人的社会主义新农村。

内蒙古自治区阿尔山市 林俗村

村庄资讯

地理位置或行车路线

乘车：S203 公路乌兰浩特到阿尔山；

火车：乌兰浩特站至白狼站。

最佳休闲时间

6～9月

林俗村原名三道沟，位于内蒙古自治区兴安盟白狼林业局、阿尔山市白狼镇南部。国铁白阿线和S203线在村东面穿过，南北长300米，东西宽200米，面积6万平方米，现有住户76家，人口240多人。有蒙、汉、满等民族，以汉族人口居多。

林俗村的建设已经初具规模和成效，白狼镇陆续投入近320万元用于村内基础设施、旅游项目发展。整修了村内道路、修建了水冲式公厕、路灯、广场以及广场公园绿化项目建设，新建绿化区1 000平方米、平铺广场3 000平方米。由于林俗村依山傍水，自然环境非常优美，因此林俗村改造工程也以保持原始风貌为原则。林俗村广场绿化采用的全部是乡土特色树种、街道硬化全部采用沙石路，工艺凉亭、林间栈道全部采用木制品，让游客能全方位的感受到林区这种自然纯朴的生存方式。

早在20世纪30年代初就有猎民在这里居住，新中国成立后这里成为林区开发建设者最早的定居地，目前仍然保留有20世纪50、60、70年代林业工人的住房，是东北林区的一个典型村落，至今保持着最原始的林区生产、生

活方式。因此，这里的居民勤劳纯朴，热情好客。来到这里可以体验林区人伐木、砍柴、劈板子的原始生活，品尝一下东北风味的大饼子、大馇子、发糕、大葱蘸大酱、猪肉酸菜炖粉条、小鸡炖蘑菇、炒山野菜等家常饭菜；还可以在这里住上一宿，感受一下火墙、火炕的温暖。“小杆栅栏子垛，房屋脊上挂山货，客人来了炕上坐，炉子火墙烟袋锅，炕梢被子垛成垛”，是对林区人传统生活方式的概括。

为了进一步挖掘林俗文化、继承林俗文化、推介林俗文化，白狼地区已连续举办了两届林俗文化节，开展以喊号子、抬木头、劈柈子、秧歌队、篝火晚会等为内容的林俗文化活动，不断充实林俗文化内容。文化节由林俗文化表演、林业生产表演、金秋摄影书法绘画展、体育竞技、旅游推介

五部分组成，融娱乐、休闲、运动、观赏于一体。在这里您还可以加入到红红火火的东北大秧歌队伍，喊上号子体验一下抬木头的滋味。家家户户都有的蘑菇、木耳、山野花、山野菜和野生药材等都是在山上采摘的纯天然绿色食品，您可以放心的采购。

2014 年阿尔山市委、市政府启动了新农村新牧区示范村和移民新村建设工程，确立了“一村一品”的主导产业发展战略，林俗村被确定为新农村建设林区型示范村；在阿尔山——柴河旅游景区总体建设规划中，白狼地区作为重要的组成部分，规划建设了滑雪场、动物园、湿地公园、旅游纪念品购物中心等，使白狼的旅游业真正融入柴河—阿尔山大旅游的开发中。目前，吃在林家、住在林家、乐在林家已成为来阿尔山旅游的一大特色品牌。

辽宁省凤城市
大梨树村

村庄资讯

地理位置或行车路线

位于辽宁省凤城市城区西南10公里。

最佳休闲时间

5～10月

一、大梨树村概况

大梨树村位于辽宁省凤城市城区西南10公里，设有22个村民组、1 500户、4 800口人，总面积48平方公里。

大梨树村坚持集体经济与民营经济同步发展，农工商旅协调推进，建成了万亩果园为代表的特色农业、金翼钛业为骨干的规模工业、凤泽市场为购物中心的现代商业、赏花摘果为品牌的乡村旅游业。

二、发展成果

1. 治山治水工程　大力开展山水林田路综合整治，开发荒山修建万亩果树梯田，整修水系，修建14公里河流、7处水库池塘、20多座拦水坝，扩大水域面积10万多平方米，年蓄水量超过40万立方米。被授予全国水土保持生态建设先进单位。

2. 绿色农业工程　因地制宜，调整种植结构，发展特色农业、设施农业，推行节水灌溉和无害化生产，建设葡萄采摘基地，被辽宁省授予现代农业园区。

3. 污染防治工程 重视新建项目的环境评价，加大环保投入，强化污染治理，关停早期兴建4户污染企业，恢复旧矿山、厂区植被，优化了环境，为建设生态家园创造了良好条件。

4. 生态绿化工程 坚持集体与个人双向连动，公共绿化与庭院绿化同步实施，推进绿色村庄建设，建设草坪，栽植绿化树木，宜林荒山绿化率90%，公路两侧荒山坡面绿化率98%，森林覆盖率80%，荣获“中国绿色村庄”称号。

以营造生态家园、创建宜居佳地为目标，按照优化环境、优化设计要求，统一规划建设村民新居6万平方米。倚山建成欧式别墅园，沿路两侧建成二层楼商业街，景观河边建成一排排青砖黑瓦的仿古民居。体现出民族特色和古典风格，先后被授予中国少数民族特色村寨、中国人居环境范例奖、辽宁省环境优化建设十佳村、全国休闲农业与乡村旅游示范点、中国最美休闲乡村等称号。

大梨树村坚持集体为主、带动民营的经济模式。①培育特色农业。构建山上花果山下园的农业种植格局，山上万亩果园和山下葡萄城，成为远近闻名的采摘基地，深受游客欢迎。②壮大规模工业。建设以金翼钛业为骨干的规模化工业，形成了农产品加工、机械加工、矿产加工竞相发展，集体与民营同步推进的发展势头，钛铁生产规模位居全国同行业前列。③建设现代商业。在凤城市闹市区建设3万多平方米的工业品市场和农副产品市场，成为本地区大型购物中心。④发展生态旅游。形成赏花摘果为品牌的花果山、探索养生长寿秘诀的药王谷、展示大梨树精神的干字广场、体味民俗风情的仿古新村，年接待游客26.7万人次。⑤产业协调发展，促进了农民增收和社会事业进步。集体企业总资产突破4亿元，村民就业率达到100%，年人均收入连续八年超万元。

大梨树村将传统文化保护与特色文化培育相结合，引领文明发展。形成以西汉武次县遗址和大梨树传说为渊源的历史文化；以纪念中国历代名医的药王谷为代表的中医药文化；以养生坛及养生教育为重点的养生文化；以干字广场为标志的“干”字文化；以展示上山下乡时代情景为内容的知青文化；以满族民居、歌舞表演为亮点的民俗文化；以吃农家饭菜，住火炕为特色的乡土文化；以果园观光、赏花摘果为品牌的田园文化。八大特色旅游文化成为大梨树村的一大亮点。

吉林省安图县 红旗村

村庄资讯

地理位置或行车路线

位于吉林省安图县明长公路71公里处。

最佳休闲时间

5～10月

安图县红旗村位于吉林省明长公路71公里处，距长白山景区103公里。地域面积304公顷，其中耕地面积80公顷，有专业农场2个，梅花鹿养殖合作社1个，119户，均为朝鲜族。红旗村基础设施功能完善，旅游资源丰富。目前，全村有旅游饭店15家，家庭旅店40家，民俗表演队2支。旅游主要以观看民俗歌舞表演和民俗展览、参观民居、体验民俗等为主，配套田园生态观光。已成功举办5届“中国朝鲜族第一村”民俗旅游节，吸引了大量国内外的游客。

在发展民俗旅游方面，红旗村引进延边鑫博旅游经贸有限公司，按照经典、精细、精品、精彩的总体要求，在基础设施建设方面，把新建与改造相结合，把整个红旗村打造成多方位、多角度、多层次展示传统民俗和现代生活于一体的“民俗博览馆”。通过水上休闲园、五德泉、百年老宅、主题广场、民俗体验馆、演艺中心装修等一系列项目相继完工并投入使用，大大提高了红旗村旅游服务接待水平，丰富了“第一村”的内涵。

在加强基础设施建设的同时，突出发展民俗旅游。

1. **民俗表演** 民俗表演队聘请专业人员进行管理。

2. **民俗体验** 组织游客穿着民族服饰，动手制作泡菜、打糕等民族食品，安排民俗生活场景再现，参观稻香园，体验农耕劳作。

3. **民俗餐饮** 按照民俗习惯接待游客，安排体现民俗特点和当地特产的餐饮。

4. **民俗住宿** 对 40 户家庭旅馆进行改造，增设室内卫生间和淋浴设施，并统一制作民族服饰。

5. **民俗购物** 以销售朝鲜族民俗文化旅游纪念品为主，进一步开发绿色有机大米、梅花鹿等产品，丰富红旗村旅游纪念品种类。

根据社会主义新农村建设指导方案的要求，红旗村把调整产业结构，发展集体经济、实现村民增产增收作为中心工作来抓，充分利用各种有效措施发展支柱产业。形成了“一村一品”的产业发

展格局，农村经济快速增长。一是结合实际，发展专业农场。红旗村现有专业农场 2 个，经营项目为无公害水稻。二是发挥山区优势，发展梅花鹿养殖。红旗村位于山区，草地资源丰富，村里根据这一优势，组织发展梅花鹿养殖，目前梅花鹿存栏 30 多头，年产值 20 余万元。三是组织富余人员外出务工。2013 年，该村外出务工人员达 100 多人，为全村带来了 200 多万元的劳务收入。通过产业结构调整，村民自力更生，艰苦创业的积极性大大提高，2013 年人均纯收入已达 11 000 元。

上海市金山区 渔业村

村庄资讯

地理位置或行车路线

位于上海市金山区山阳镇，地处东海之滨美丽的杭州湾畔，与大海仅一步之遥。与海中的金山三岛（大金山、小金山、浮山）隔海相望。

最佳休闲时间

全年

渔业村位于上海市金山区山阳镇，是上海沿海成陆最早、保存最为完整的渔业村落，地处东海之滨美丽的杭州湾畔，与大海仅一步之遥。渔业村千百年来就是沪浙交界有名的渔港，拥有源远流长的海渔文化、丰富的海产资源。这里是上海最早的渔村，也是上海最后的渔村。

渔业村与海中的金山三岛（大金山、小金山、浮山）隔海相望。目前大金山岛是上海海拔的最高点，高 103.4 米，岛上有 60 多种珍稀物种，是上海市第一个海洋自然生态保护区。据史料记载，自南宋淳熙年间杭州湾形成后就拥有长达近 6 公里的海岸线，至清末民初，这里已十分繁华。每逢春、秋两汛，游客、商家云集至此，海塘上人流摩肩接踵、热闹非凡。到了 20 世纪 80 年代，渔业村的渔业更是达到了顶峰，有出海渔民 1 000 多人，拥有大小渔船 45 条，年产渔货 116 万担，捕鱼范围也从杭州湾走向远洋，是上海市渔业战线上的一面红旗。

渔业村被称为“活着的渔村”，这里居住着 700 多户居民。区域面积 3.5 平方公里，现在仍从事近海作业的有证渔船 9 对 18 艘，渔民只剩 200 人左右，许多渔民“上岸”

后都转型从事渔货加工、交易、餐饮行业。虽然不少渔民已经“上岸”，告别了祖祖辈辈的打鱼生涯，但渔业村还是保留了渔村的“原汁原味”。

一条古海塘，一个小渔村，一条老街坊，万千世界交织出变幻的图画，缩影成渔业村浓墨重彩的风景画，与海为伴，以海为生，流淌着海渔文化的古与今。

从 2011 年起，渔业村以村庄改造为牵引，秉承“修旧如旧”的宗旨，村庄面貌焕然一新。以青砖、黑瓦、马头墙的明清风格为主要特色，移步有景，处处成景，最大程度还原了老街渔村的古韵。

如今的渔业村已是国家 AAA 级旅游景区，也是上海市十大“我喜爱的乡村”、全国休闲农业与乡村旅游四星级示范基地、全国休闲农业与乡村旅游示范点、国家级餐饮服务与食品安全示范街、上海市科普教育基地，同时又入选上了上海影视拍摄推荐取景地。

近年来还充分利用渔业村丰富的海渔资源和优越的区位条件，将滨海休闲度假、海渔文化体验、海鲜餐饮美食等旅游元素有机融合，对山阳镇渔业村实施“深度”开发，滨海休闲旅游新亮点逐步显现。

目前，渔业村已经建成并对外开放的展馆有：渔民老宅、渔具馆、妈祖文化馆、海·渔文化馆、渔乐馆、民间收藏馆、渔家茶室。参观者不仅可以尽情博览曾经散落在民间的各种渔具，了解渔民生活，还可以亲手编织一段渔网，摇一把绳索，感受海渔文化的魅力。

渔民历来把妈祖作为渔村的守护神，每年有五次祭拜妈祖，妈祖文化已经成为弘扬海渔文化的重要载体。同时，渔民画也是渔村的一大特色，将渔民的生产生活、民俗风情等通过一幅幅画面展现了出来。这些画面所体现出来的形式美和渔业村所特有的海渔文化相映成趣。

为了传承海文化、渔文化、妈祖文化，渔业村从 2011 年开始举办第一届海鲜文化节，至今已连续举办了四届。每年围绕海鲜节策划了多个丰富多彩的活动，吹海风、听渔村故事、尝渔家菜，已是海鲜文化节的“三大乐”。

勤劳勇敢的渔业村人民，在悠久的历史长河中，不仅用双手创造了巨大的物质财富，又用聪明的智慧，创造了取之不尽、用之不竭的海渔文化，也正努力把渔业村打造成杭州湾畔最具海派风情、最精致的小渔村。

耳畔海风，舌尖鱼鲜，潮起潮落，上海最后的渔村邀你共享渔情、寻渔忆、玩渔趣、品渔味、尝鱼鲜。

浙江省庆元县 月山村

村庄资讯

地理位置或行车路线

位于浙江省庆元县东南部，距县城57公里。

最佳休闲时间

3～10月

一、月山村概况

月山村位于浙江省庆元县东南部，距县城57公里，是举水乡政府所在地，山清水秀，景色优美，建村历史悠久，传统文化底蕴深厚，自然景观和人文景观得天独厚，自明清以来就以“二里十桥”、“举溪八景”（月山晚翠、云泉晓钟、龙凤两桥、文奎高阁、宝塔东耸、银屏西峙、龙湫灵液、虎胜奇岩）享誉县内外，国宝如龙桥全国闻名，建村1 000多年来，代有显人，明清数百年间登进士或授显职、名列仕籍者多达200余人，一度被誉为“庆邑之冠冕”，在举水乡范围内更有第四纪古冰川遗迹——冰臼群、700多年树龄的“杉树王”、400余亩的高山草甸、悬棺等宝贵资源，月山村被列为全县旅游发展重点乡村。近年来，庆元县委县政府立足于月山的客观条件，正视自身不足，大胆创新，积极探索，走出了一条以休闲观光旅游为龙头，促进经济社会协调发展和农民增收致富的特色中心村培育法，先后获得“全国特色景观旅游名村”、“中国环境优美乡村”、“中国民间文化建设群星奖”等荣誉。

二、做法成效

1. **深度挖掘，整合旅游资源** 月山村的旅游资源尽管丰富，但 2004 年以前，其宝贵价值一直没有被认识。在全县大力发展旅游业的大背景下，月山村抓住机遇，对旅游景点及人文历史进行系统整理和挖掘，形成丰富的人文与自然景观相辅相成的旅游娱乐内容，为月山村的休闲旅游发展塑造起鲜活的灵魂。

2. **大力发展乡土文化，旅游发展、群众娱乐两相宜** 月山村不仅山清水秀，更为宝贵的是文化底蕴深厚，历来属商贾重地，名人显贵尽出，村民文化气息甚浓，读书看报、上台演戏蔚然成风，依托“月山春晚”这一平台，月山对民间文化进行深度挖掘与发展，将乡土文化与旅游文化相结合，从 2005 年以来，“月山春晚”的知名度不断攀升，受到了市、省、国家级媒体的关注，2010 年，“月山春晚” 被新华网、人民网、新浪网、搜狐网等 20 余家知名网站现场转播，人民日报、浙江日报、旅游报等知名媒体进行大篇幅报道，文化部授予“群星奖”。“月山”的知名度与日俱增，在促进旅游发展的同时，月山村民的精神文化生活也得到了极大地丰富。

3. **加大投入，完善旅游基础设施，美化优化乡村环境** 结合村庄整治和中心村建设，对旅游景点进行整修和建设，对沿街民房进行仿古立面改造，在改善村民居住条件的同时，也提升了景区的

可观赏性。通过数年对旅游景点的开发和建设，月山村的旅游环境逐步改善，对游客的吸引力逐步提高，杭州、上海、北京等地区的大量游客慕名而来，并留下了深刻的印象，2010 年全年吸引了省内外游客 5 000 余人，旅游经济效益初显，有效地带动了当地经济的发展。

4. 大力发展农家乐，乡土旅游特色明显 月山的旅游发展始终坚持走“乡土”路线，让城市人享受乡间的自然和休闲，为此，月山村大力发展乡土农家乐，“人顶山庄”、“月山客栈”、“银屏餐馆”、“龙湫灵舍”等一批农家乐应运而生，旅游接待能力和条件逐步加强，游客也从乡村旅游中得到了无穷的乐趣，农家旅游成为月山一道风景线，从旅游经济中受惠的群众，发展旅游的热情更为高涨。

5. 发展生态农业产业，助推旅游发展 在发展旅游业的同时，月山村做到旅游、农业两条腿走路，通过旅游业提高农产品知名度和外向度，同时，通过特色农产品销售助推旅游业的兴旺，形成旅游、农业产业良性互动的局面。月山村现有食用菌基地 80 万袋，锥栗园区面积 1 400 亩，高山蔬菜基地面积 100 亩，高山茶叶基地 300 亩，在扩大销路的同时，助推了旅游业的发展，进一步打响生态品牌，为当地农民带来多重收益。

福建省长泰县 后坊村

村庄资讯

地理位置或行车路线

厦门—海沧—角美—长泰漂流公司路口右转—后坊村。

最佳休闲时间

全年

后坊村地处福建省长泰县马洋溪生态旅游区中心腹地，与厦门市天竺山林场毗邻，方圆19.25平方公里，辖11个村民小组，人口2 300人。近年来，该村依托良好的生态环境优势，大力发展生态农业，种植桃、李、葡萄等落叶果树5 100多亩，毛豆、甜玉米等无公害蔬菜1 200多亩，2013年农民人均纯收入12 100元。围绕建设景区式“富美乡村”目标，完善基础设施，推进古村落保护、改造，实施环境整治，把一个原先落后的小山村打造成富美休闲乡村。

1. 突出规划引领　坚持把全村作为景区、公园来规划建设，突出生态文明、闽南元素、乡土气息、田园格调的特色，先后聘请湖南城市学院、厦门乾晋设计公司编制《后坊村村庄规划》、《溪东自然村整治规划》，邀请台湾大地再造公司、台中雕塑协会制定《后坊村再造发展计划书》。

2. 突出闽南特色　坚持宜土不宜洋、宜简不宜繁、宜淡不宜浓，不大拆大建、大挖大填，最大限度保留闽南乡土元素。对于旧大厝古民居，进行修缮，修旧如旧，保护

和挖掘具有闽南特色的乡村历史、人文景观资源。对于新建建筑，因地制宜，适当整修，全村改造房屋立面228座，安装路灯210盏，铺设景观步道800米，种植名贵树木200多株，绿化补植3 000平方米。

3. **突出富民利民** 围绕促进农民增收致富目标，按照旅游景区景点的高标准实施村庄环境综合整治，把桃花岛、大树将军、溪东古村打造成新的景点。2014年全村累计接待游客6万多人次，旅游收入1 200万元。同时，引导群众发展农家乐、采摘园、家庭农场、旅游民宿等，形成格林美提子园、茂林源休闲农庄等一批旅游项目，全村拥有农家乐7家、采摘园2家，正在筹建民宿3家，从事旅游业农民360多人，年增加收入500多万元。

4. **突出文化元素** 着力推进龙人古琴文化村建设，加快龙人书院、聚龙阁酒店建设进度，启

动AAAAA级景区创建，致力打造成集古琴研发、艺术培训、旅游会展、度假养生、影视演艺等为一体的综合型文化创意产业项目，提升旅游文化品位。

5. **突出机制保障** 注重创新工作方式，在工作中不断完善提升思路、举措，形成工作标准、经验、模式进行推广应用。如垃圾治理坚持“户分类、村收集、镇转运、县处理”的模式；村容整洁坚持房前屋后无垃圾、鸡鸭圈养无异味，河里沟里无污水，道路两旁无弃物“四无”标准。

江西省婺源县
篁岭民俗文化村

村庄资讯

地理位置或行车路线

位于江西省婺源县东北部溪头乡，距婺源县城 42 公里。

最佳休闲时间

全年

天上人间——篁岭民俗文化村位于江西省婺源县东北部溪头乡的江岭风景区，距婺源县城 42 公里，总面积 38 平方公里。因十万亩梯田黄灿灿的油菜花与远山、近水、粉墙、黛瓦相映成趣，构成一幅天人合一的画卷而闻名；香港著名摄影家陈复礼曾以此为题的作品《天上人间》获得了国际摄影大赛金奖。通过近年来的不断挖掘、打造，现已成为婺源最具原始生态和文化魅力的精品景区，被誉为“中国最美的乡村”田园风光的代表，2014 年获“国家级休闲农业示范点”，是婺源休闲农业与乡村旅游业的一颗璀璨明珠。

一、篁岭民俗文化村概况

篁岭民俗文化村是一处展现婺源生态古韵、农耕文化、田园风光的精品景点。在海拔千米的高山上，梯田如链似带，高低错落，壮丽雄奇；水面映着蓝天和古树；梯田下面，山坳里藏着一小撮粉墙黛瓦，分外温柔可亲。

这是婺源田园风光的代表。从江岭开始，旅游公路始终在山间盘旋，从江岭往下看，只见层层梯田曲折的线条，山谷盘地中的小河，河边聚集的三四个村庄，四周围绕着青山，构成了一副极美的婺源农村田园风光画卷。

作为“中国最美的乡村”田园风光的代表作“江岭风光”，不仅是世界级摄影基地，更由于古树、河流、梯田、农舍、农作物合理布局，体现了人与自然的亲近、和谐，“天人合一”在这里得以完美展示。尤其是山顶人家成了江岭风光的大背景，远眺粉墙黛瓦掩在黄花绿树间，阵阵云雾飘来，恍若天上人间。旅游观景或休闲度假于此，心灵会得到净化，心智会获得升华。

江岭风景区承载生态古韵，传播农耕文化，发展是快速的，也是跨越式的。2009 年，景区接待的旅游人数不到 2 万人次。到 2012 年，接待的旅游人数飙升到 31 万人次，创旅游综合经营收入 1 020 万元。

二、发展历程

1. 科学规划，精心设计 江西婺源旅游股份有限公司充分利用周边良好的生态环境和江岭梯田

油菜花海田园风光的优势，聘请全国知名专家到江岭考察调研，设计了一套完整保持原汁原味风貌的、原生态的有农村特有的民俗特色景观的方案，做到让游客来中国最美的乡村、来天上人间——江岭感受浓浓的乡土气息。

2. **加大投入，强势推介** 依托婺源大旅游环境和名人效应，加大力度对外宣传营销，使景区的知名度在短时间内得以提升，在客源地市场的影响力不断扩大。打造江岭旅游休闲、度假观光的品牌，使江岭风景区的游客逐年剧增，经济效益明显增加。

3. **注重特色，打造精品** 江岭风景区主动融入婺源乡村农业旅游的大格局，在毫不松懈抓好营销工作的同时，始终注重在“乡村游、观光游、农家乐”上做文章，积极带动当地百姓参与旅游经济发展，引导百姓参与适合江岭景区的乡村游、农家乐项目。现在每年至少有一二部影视剧在此取景拍摄，如《集结号》、《爱在战火纷飞时》等，很多城市婚纱影楼也把这里当作外景拍摄地，更引来了众多摄影家、艺术家来此创作采风。

4. **拓展服务，抓好接待** 在服务接待上，从事旅游住宿、吃饭的农家乐有60多家，让游客进的来、玩的兴、留得住，让久居城市的游客在此充分体验世外桃源般的田园生活。

河南省信阳市平桥区

郝堂村

村庄资讯

地理位置或行车路线

位于河南省信阳市平桥区东南部，离市中心18公里。

最佳休闲时间

4～10月

郝堂村是坐落在河南省信阳市平桥区五里店办事处的一个小山村，全村共18个村民组，2295人，村域面积20.7平方公里，以茶叶和板栗种植为主。这里地处平桥、罗山、浉河三县区交界，位于平桥区东南部山区，离市中心18公里，三面环山、茶园众多，树木苍翠，溪流纵横。

走进郝堂，村路依山沿河，路面是瓷实平整的碎石，雨水直接渗入地下，不影响山区水系的流动。独具特色的豫南民居，古朴的农家院、配套齐全的幼儿园、学校、养老院、卫生室，与一望无际的荷花交相辉映，整个村庄像一座大花园，静谧、古朴、天然、闲适，与城市的喧嚣、华丽、紧迫的气息形成鲜明的对照。

郝堂村坚持用最自然、最环保的方式建设村庄，注重保护当地自然环境、尊重当地历史人文脉络和农民意愿，民居设计个性鲜明、新颖别致、风格迥异，农民居住环境生态优美、舒心惬意。

郝堂村井泉沟渠、堤坝桥涵独具特色，路路相通、石阶铺地，村落房院、古树名木等得到有效保护。茅草长廊等乡村要素自然纯朴、优美实用、保护良好。房前屋后栽植桃、杏、梨、柿子等适宜生长的小杂果，路边遍植格桑花、连翘、野菊花等花卉植物。开办各具特色的农家乐等20多家。在美丽郝堂，有豫南特色的狗头门楼、清水墙，有用木头垛起来的柴扉，有依山傍水的小桥，精心修葺的土坯房，翠竹掩映，溪水环绕，焕发着勃勃生机。

郝堂村基础设施完备，管理维护良好，村庄道路硬化、美化、亮化，饮用水水质达标，有先进的污水处理设施，使用太阳能照明系统，农户卫生厕所覆盖率达 95% 以上，人畜粪便得到有效处理与利用，郝堂村率先开展“三改一建”工程，96% 的农户完成了改圈、改厕、改厨，清洁能源普及率达到 95%，公共垃圾无害化处理率达 95%。

“村在林中、水在村中、人在画中”。郝堂村美丽宜居示范村建设的经验和做法，得到国家、省、市领导的关注和充分肯定，社会各界好评如潮。

湖北省英山县
乌云山村

村庄资讯

地理位置或行车路线

位于大别山南麓，英山县城北3公里处，离武英高速出口1.4公里，201省道旁边。

最佳休闲时间

4～10月

湖北省英山县乌云山村位于大别山南麓，英山县城北3公里，离武英高速出口1.4公里，201省道旁边，面积2.3平方公里，下辖6个村民小组，263户，952人，这里群山连绵，秀水长流，鸟语花香，四野碧翠，有着得天独厚的山水资源和自然天成的人文景观。

一、依托灵山秀水，建设茶叶公园

自1998年以来，村两委加大产业结构调整，坚持高标准发展茶叶产业，科学规划，合理布局，集中连片，使全村95%的耕地、农田全部种植茶叶，并于同年以茶叶为主题命名为“乌云山茶叶公园”。

组建的乌云山茶叶专业合作社，吸纳全村228户入社，行成产、供、销一条龙服务体系，所生产的乌山春牌英山云雾，条索紧细，汤清叶绿，香气纯正，滋味醇绵，一举获得“陆羽杯”、“中茶杯”金奖，年产值过千万元，产业带动旅游，旅游促发产业的良性循环成效显著。

园内有经国家批准对外开放的乌云寺；有月牙湖、碧玉湖、仙人湖，三湖映照乌云寺，品茗亭、望仙亭、白鹤亭衬托“倒挂仙人”的妙景，依山傍水的“水上茶楼”，依山就势的“水上乐园”，山坳里的新农村，坡畈上的生态茶园，田头地角的农家乐，编织出一幅“奇山秀水衬古寺，新村亭阁缀画图”美丽图画，被誉为高铁线上的美丽乡村。

二、创建旅游名村，开发乡村旅游

为了充分利用资源优势和区位优势，围绕时代主题，找准自身定位，全方位开发休闲农业旅游，通过政策倾斜、政府扶持、招商引资、社会融资，形成国家、地方、部门、集体、个人“五个一起上”的多元化投资体系，加快了景区建设，于2010年首批获“湖北旅游名村”称号，在全县境内首家创办农家乐，现年接待旅客30万人次，创旅游收入过千万元。获得“全国休闲农业旅游示范点”称号。

三、以节会促销，保生态开发

“青山绿水小洋楼，天然氧吧人长寿，生态文明现代化，农村胜似城里头”是乌云山的真实写照，休闲农业观光游的兴起，给乌云山带来了良好的发展机

遇，通过科学规划打造，保护生态开发，乌云山村获得“湖北省宜居村庄”、“省级生态村”、“湖北省新农村建设示范村”、“湖北省绿化示范村”、“湖北省休闲农业示范点”等称号。

在发展旅游的同时，始终坚持保护性发展，招商引资项目一律以茶叶、生态、旅游相融入，以不破坏生态环境为准则，而且在以茶叶为主导的产业之外，为了增添生态元素，建有生态葡萄园，让游客品尝采摘，桂花园让游客赏心悦目，逐步形成了“四季有茶、四季有花、四季有果、四季游客”的休闲格局。

在未开发乡村旅游之前，这里的茶叶只有300亩，年产干茶26 000斤*，产值35万元。自建立茶叶公园后，农家乐已发展到35户，每家农家乐年纯收入都在8万元以上。开发“自采自制品茶”检验休闲旅游活动，年接待游客达30万人。

* 斤为非法定计量单位。1斤＝500克。

湖南省石门县
长梯隘村

村庄资讯

地理位置或行车路线

位于湖南省石门县罗坪乡北部，南与张家界相邻，西与湖北鹤峰相接，北与壶瓶山自然保护区隔峡相望，距石门县城137公里。

最佳休闲时间

4～10月

长梯隘村位于湖南省石门县罗坪乡北部，南与张家界相邻，西与湖北鹤峰相接，北与壶瓶山自然保护区隔峡相望，距石门县城137公里，平均海拔750米，总面积29 500亩，有林地面积25 600亩，其中生态公益林19 800亩，森林覆盖率达86.8%。全村辖8个村民小组，338户，1 068人，其中土家族占总人口的95%以上，是典型的土家族聚居区。

一、多元的产业功能

1. 生态环境得天独厚 因为多年来坚持封山育林，长梯隘村植被多样性得到了很好的保护。群山常年披着植被的盛装，春天嫩绿新翠，夏天青葱浓郁，秋天色彩斑斓，冬天皎洁亮丽。优美的自然环境，让置身其中的人们心旷神怡。长梯隘村属于亚热带常绿阔叶林带，植被茂盛，生态环境得天独厚，许多珍贵的孑遗物种在这里得以保存与繁衍。境内有国家Ⅰ级保护植物——银杏、Ⅰ级保护动物——金钱豹、Ⅱ级保护动物——大鲵。树龄达千年以上、胸围达7.1米的古银杏树和胸围达8.1米的古枫杨树，枝繁叶茂，被誉为“最古老的活化石”。

2. **茶叶产业迅猛发展** 长梯隘村经济产业以茶叶为主。目前该村茶园面积达1 500亩，在肥沃土壤的滋养下，当地茶叶含硒丰富。依靠卓越的品质和精良的制作工艺，该村茶叶一举获得欧盟国际公平贸易补贴，蜚声海外。翠绿的茶叶分布在石林之中，茶石相间，相映成趣，身着民族服装的土家阿妹唱着山歌采茶，成为游客和摄影爱好者镜头中亮丽的风景。

3. **农耕文明世代传承** 虽然时代变迁，产业结构发生了重大调整，但长梯隘村依旧传承土家传统农耕文明，村民日出而作，日落而息，往来种作，怡然自得。田间地头忙碌的身影，与青山绿水、蓝天白云一起构成了一幅幅绝美的田园风景画。

4. **旅游资源独具特色** 长梯隘村旅游资源丰富，大自然的鬼斧神工，创造了红石林、天目洞、峡谷、云海等自然奇观。红石林呈现出晚霞般的赤红色，与青葱的树木一起映衬着深蓝的天空，美不胜收；天目洞洞厅面积近4万平方米，洞顶有两扇天窗，正午阳光直射，有如上苍投下的两束目光，形成了"洞中天目"的绝美景观；岩子口峡谷古木参天，幽深曲折，风光秀美，人在溪中走，胜似画中游；夹山垭云海四季可见，方圆数百里，千峰万壑在云海中时隐时现，恍如仙境。

二、独特的村容景致

1. **土司文化源远流长** 据清同治《石门县志》载："中乡自新关以上，山渐多，路渐险，北乡全境，山愈总杂，有一所二关十隘，为覃、唐、伍、陈、郑、诸姓。"这当中"十隘"就有长梯隘，隘关所在地就在今长梯隘村衙门口。长梯隘村寨土司文化源远流长，自明洪武（1369年）至清雍正（1735年）的三百余年间，罗坪一直为当地土家族首领—土司的管辖区，境内至今残留着土司衙门遗址。

2. **民俗艺术享誉四方** 罗坪乡是知名的民俗文化之乡，所辖的13个村中，以长梯隘村在民俗文化的传承发展方面最为突出。长梯隘村的山歌、九子鞭、薅草锣鼓等民间艺术享誉四方。在长梯隘村，无论男女老幼，都能随口唱出几首山歌，而且唱得字正腔圆、声情并茂。

3. **土家民居风格鲜明** 长梯隘村遍布木质天井四合院和百年吊脚楼，这些建筑多采用钥匙头、高门槛、高窗户的设计风格，具有鲜明的民族特色，被称为巴楚文化的"活化石"。

三、良好的精神风貌

1. **村民生活怡然自得** 长梯隘村保留着原始古朴的土家风情，十分注重传统节日，尤以过年最为隆重。土家族讲究“过赶年”，即提前1～2天过年，并保留敬拜祖先的习俗。土家女儿出嫁前，有“哭嫁”的风俗。村民尊老爱幼，邻里相互关爱。

2. 民风民俗淳朴率真 长梯隘村与张家界市、恩施自治州的三个白族乡相邻，境内有白族、苗族、土家族等多个少数民族，各族村民比邻而居，团结和睦，相处十分融洽，少数民族兄弟姐妹亲如一家人。

2011年，长梯隘村被湖南省旅游局评为“湖南省特色旅游名村”；2010年被湖南省民委评为“湖南省少数民族特色村寨”；2013年被评为“湖南省五星级乡村旅游点”；2014年，获评“湖南省五星级休闲农业庄园”、“中国少数民族特色村寨”，区域内的奇特地形让罗坪乡获得了 “湖南省地质公园”资格。

长梯隘村是养在深闺人未识的净土，这里的土家儿女纯朴善良，这里的自然环境得天独厚，这里的民俗文化源远流长，是养生、摄影、绘画、自驾、户外探险的理想之地。

广东省平远县 畲脑村

村庄资讯

地理位置或行车路线

广州：广惠—梅河高速—畲脑；

梅州：G206 平城—S332—X036—畲脑村。

最佳休闲时间

8 月至翌年 3 月

畲脑村位于广东省平远县东北部，地处粤闽赣三省交界。距上举圩镇 6 公里，距县城 20 公里。全村人口有 1 032 户，4 130 人。全村总面积 37.2 平方公里，耕地面积 1 860 亩。这里群山环抱，环境幽静，空气清新，风景秀丽。幽深峡谷、飞流瀑布、客家传统民居、原生态民俗，共同构筑了田园牧歌式的相思谷景区，目前，该景区已通过国家 AAA 级景区初审，被评为广东最具成长潜力休闲度假生态乡村。

一、主要特色

1. 自然之美　畲脑村重视生态资源的保护，全村生态优越，古树婆娑，远山含黛，森林覆盖率达 95%，是原生态天然氧吧，是国内最大的连片原生态相思红豆林、广东省最大的鸳鸯种群栖息地，被誉为“物种宝库、粤东明珠”。近年来，当地政府通过引进外来资本，在有效保护原生态的前提下适度开发畲脑村，打造出被誉为广东最具成长潜力的休闲度假生态乡村的客家相思谷景区。

2. 文化之美　1600多年前，客家人文始祖、世界客属先贤程旼以德化人、教化乡里，其敦本崇教、和邻睦族的品行德操，至今仍在客属地区奉为圭臬，恒久流传。在程旼文化的影响下，畲脑村一直保持着重文教、薄无知，重名节、薄功利，重情义、薄背信等为人处世的价值观念。畲脑村还保留了大片客家围龙屋等原生态客家村落民居，传承了许多包括民居、工艺、小食等客家乡土民俗文化，拥有客家围龙屋、平远船灯、落地金钱、马灯舞、平远黄粄、传统榨油、竹编工艺、石磨豆腐等3个省级、8个市级、16个县级非物质文化遗产。平远船灯曾两次进京，四次出国，八次赴省，驰名中外。2008年平远县获“中国民间艺术（船灯舞）之乡”。

3. 和谐之美　畲脑村远离中心城市和工业污染，保持着小桥流水的诗意，充满了田园牧歌的气息，是人与自然和谐相处的至佳平台，也是远离喧嚣和俗务的世外桃源。依托优越的自然生态环境，广泛发动群众耕山致富，大力发展精致高效农业，培育壮大了慈橙、南药、柿花、梅菜、竹笋等特色农作物，是远近闻名的慈橙、南药之乡。村内有200多亩错落有致的梯田、近千亩碧波起伏的翠竹海洋、2 000多亩标准化种植的慈橙基地，形成了以梯田为主体的美丽田园风光，每当水稻、油菜花、慈橙成熟时节，外地游客纷至沓来，在欣赏旖旎风光的同时，感受丰收的喜悦。

二、经验做法

近年来，畲脑村依托原始秀美的自然条件，以实现人与自然和谐发展为核心，在保护中开发，以发展生态休闲旅游和生态休闲农业为重点，积极推进生态文明和美丽乡村建设，努力打造最美休闲乡村。

1. 规划为先 高规格、高起点编制了畲脑村庄发展规划和旅游发展规划，并严格按照规划逐步实施，为美丽乡村建设指明了方向。

2. 统筹合力 畲脑村被列为广东省第二批名镇名村示范村建设名单，并确定为2013年美丽乡村示范点，在资金、项目等方面给予倾斜，不断完善基础设施，积极推进生态文明、建设美丽乡村，努力打造最美休闲乡村。

3. 保护为纲 畲脑村民素有热爱家园一草一木，重视环境保护的良好传统，畲脑村现在的良好生态，正是一代代畲脑村民坚持的结果。2007年畲脑村被划入省级自然保护区，进一步加强了对畲脑村森林生态的管理，使这一良好生态环境得到更好的保护。

4. 适度开发 坚持保护中开发的理念，充分利用良好生态旅游资源，突出发展生态休闲旅游，以体验森林生态，欣赏自然美景为主，同时，大力发展生态休闲农业，以美丽的农业风光和各种农业体验活动，丰富了生态休闲旅游业，实现了农旅互动发展。

通过建设美丽乡村，当地群众通过土地租赁或分红、开办农家乐、参与景区管理、销售农特产品等增加了收入，提高了生活水平。一方面通过吸引外地游客到来，给当地群众提供就业机会。另一方面促进当地慈橙、柿花、梅菜、竹笋等农特产品销售，增加了农民收入。

畲脑村以中共十八大提出的生态文明理念为指导，以"中国美丽乡村"建设规划为纲要，进一步加大投入，高起点设计，高水平推进，高标准管理，全力构建城乡社会经济一体化发展的崭新格局，建设一个"天更蓝、水更清、路更畅、房更靓、村更美"的美丽休闲乡村。

广西壮族自治区灵山县
大芦村

村庄资讯

地理位置或行车路线

位于广西壮族自治区灵山县城东郊 8 公里，原省道三级公路边，出灵玉二级公路 2.5 公里。

最佳休闲时间

全年

大芦村位于广西壮族自治区灵山县佛子镇，距灵山县城东 8 公里，原省道三级公路边，出灵玉二级公路 2.5 公里，村道全部铺设了水泥路，交通十分方便。全村区域面积 4.2 平方公里，属于典型的岭南丘陵地貌，山清水秀。有 19 个村民小组，人口 1 189 户，5 380 人。

大芦村是“中国荔枝之乡的荔枝村”、“水果之乡的水果村”。村里村外，从山坡、田垌到农家的庭院，满目果树葱茏，一年四季花果飘香，初来乍到的外地人，即使进入村中，也绝想象不到这是一个有 5 000 多人的大村场。据传，这里原本是芦荻丛生的荒芜之地，15 世纪中期始有人烟，经过先民们的辛勤开发，几度兴衰，到 17 世纪初已建设成为有十五个姓氏和睦相处的富庶之乡，为了使后辈不忘当日的创业艰辛，故给村子取名大芦村。

在一个水面 2 000 多平方米、碧波潋滟的人造湖前，青砖绿瓦屋脊层叠的建筑，就是闻名遐迩的劳氏古宅群。宅院前后、水岸边，吸纳了几百年日月精华和山水淑气的荔枝树、樟树、橙木树，蜡杆虬枝，苍翠盘郁，恰似一座座巨型盘景。清嘉庆八年（1804 年），一位叫吴必启的横

州诗人到这里访友，正好是荔熟时节傍晚时分，他触景生情，描述了当时的景象："宅绕青溪耸秀峰，松林鹤友晚烟笼。小楼掩路斜阳外，半亩方塘荔映红。"而今风光依然，村民在湖堤绿荫间迂回往来，犹如画中人。

古宅群丰厚的文化积淀，不仅是一段时光远逝的辉煌。古宅中的文物珍藏，被视为镇宅之宝的、出自南宋民族英雄文天祥手迹的"忠孝廉节"巨幅拓片，以前每逢重大节庆必展让族人瞻仰，进行道德教育；至今三达堂仍高悬以禁鸦片烟著名的两广总督邓廷桢领衔，为道光十七年（1837 年）劳念宗考取国子监第一名题赠的鎏金"拔元匾"，其意义不只在装点门楣，恰恰道出了古宅中人教育兴家，历久不衰的奥秘；各处宅院"官厅"（客厅）格扇门中通年确保完整的《朱子家训》抄件，

以及现在已经闲置了的各种款式的轿子和古石磨、石杵，都折射出重视耕读文化的影子。古宅中还保留着许多“十里不同风”的习俗。自从明崇祯十六年(1659年)在北京兵部职方司主政任上激流勇退的第四代祖劳弦，在渡洞庭湖遭遇狂风暴雨大难不死后，每年农历七月十四日全族吃茄瓜粥“以示不忘祖德”。而农历八月十八日“八月庙”的晚上，祖屋镬耳楼后背山参天盖地的樘木古树下，世代传授的“老师班”，在天幕月光下，拍击长鼓，表演传统民俗舞蹈“跳岭头”，亲朋乡邻云集，怡然自得。

大芦村古宅群积淀的民俗文化，最令人瞩目的是那些传世楹联。据考证，古宅有三百多副明、清时期创作，沿用至今的楹联。古宅逢年过节或喜事庆典，总是用鲜墨红纸将传世楹联重书一番，郑重其事地贴在约定俗成的位置上，几百年里从不更改。这是一道古朴清新琳琅满目的民俗文化风景线，可见在古宅人心里的分量，那是先辈的遗泽，情感的寄托。

大芦村民俗风情旅游区以“古宅、古树、古楹联”而享誉国内外，占地面积22万平方米，保护面积45万平方米。古宅群规模庞大，结构功能齐全，规划水平较高，生态环境优良，民俗文化积淀丰富。古宅内甬道幽深，人在古宅甬道中穿行，可以享受古文化的浸染，远离都市的喧嚣。1999年6月，大芦村被授予 “广西楹联第一村”的荣誉称号。2005年大芦村被国家旅游局评为“全国农业示范点”。2007年5月，被国家旅游局评为“第三批历史文化名村”；2013年，被授予“全国第七批重点文物保护单位”。

四川省南充市顺庆区
青山湖村

村庄资讯

地理位置或行车路线

青山湖位于南充市顺庆区搬罾镇东北部，与嘉陵江西岸邻近。

最佳休闲时间

全年

青山湖村位于四川省南充市搬罾镇东北部，与嘉陵江西岸邻近；涉及3个村，35个社，1 980户，6 841人，总耕地面积8 530亩，人均年收入11 000余元。

依山傍水、气候宜人的青山湖村，地势平坦、土地肥沃、光照充足、雨量充沛，是休闲养生、运动观光、绿色生态的景观特色村庄。一栋栋白墙灰瓦仿欧式的民居建筑，与周围青山绿水环抱相融；宽阔清洁的道路、整齐明亮的路灯、清新整洁的卫生和湖边观光小道的垂柳、湖内垂钓的钓鱼台、水中观光的廊桥及村民自种的色泽鲜艳香气扑鼻的草莓、以色列番茄、口口脆西瓜等给村庄内增添了无穷无尽的美丽景色和春意盎然的乡村气息。

青山湖村交通十分便捷，搬渔公路和在建的顺蓬公路穿境而过。区内产业布局合理，有占地1 600余亩的“锦绣田园风景区”一处；引进“四川福芝康生物科技有限公司”发展产业，种植药用栀子2 100余亩；农旺、三公、鑫峰、励业等农业企业建有设施蔬菜种植大棚2 300余亩，种植观光蔬菜、特色蔬菜、季节蔬菜；村民自发种植莲藕，

养殖畜禽、水产等面积1 800余亩。这些企业的引进和发展，辐射带动周边十余个村4 600余户的15 700余人致富。

青山湖村按照省市新农村建设要求，坚持“政府引导、农民主体、部门配合、社会参与、项目打捆”的运行机制，以打造全市新农村综合体典范为目标，投资4 000多万元重点实施推进了青山湖新农村综合体建设，实现了产村协调共融，推进了城乡一体化发展。

1. 规划设计品位高 按照“突出一心、打造一环、展示一片”的功能布局，规划设计出“体现农村山水田园特色，彰显川东北居民风格”的农村综合居住区，着力打造全省一流国家现代农业示范镇、全省一流乡村旅游示范镇、全省一流新农村综合体示范镇。

2. 农房独具特色 新建了具有“前庭

后院、鸡犬相闻、花果飘香、田园风光、阡陌相连、水天一色”的特色农居房236户，确保了整个农房风貌协调、风格一致。

3. **基础配套完善** 建成高标准农田8 000余亩、整治扩大青山湖至50亩，修建绕湖景观大路1.5公里，培植绿化面积7万平方米，铺设水、电、气管网、通讯设施等6公里。

4. **公共服务健全** 完善综合体内公共服务体系，配套建设了文体活动中心、停车场、便民购物超市、幼儿园、敬老院、污水处理站等公共服务设施，方便了群众生产生活。

5. **产村共融发展** 引进了农旺、鑫峰、励业、福芝康等农业龙头企业，采取“公司＋园区＋农户”、“合作社＋农户”等模式，带动辐射周边农户增收致富，入园农户户均收入1万～3万元。

6. **创新自治管理** 探索建立了“一核四级”的村级民主治理机制。即是：坚持村党组织的核心领导，形成了“社会组织参与、村民议事会议事、村民委员会执行、村民监事会监督”四个层级村民自治组织。充分发挥党员干部的排头兵和领头羊作用，开展村民自我教育，建立村规民约，实行民主管村，树文明和谐新风尚。

云南省弥勒县可邑村

村庄资讯

地理位置或行车路线

从云南省弥勒市城区乘 12 路公共汽车直达可邑村。

最佳休闲时间

全年

一、可邑村概况

可邑村位于云南省弥勒县北部，隶属于西三镇蚂蚁村民委员会，全村共有 193 户，757 人，以彝族支系阿细为主的少数民族人口占99.6%，是典型的少数民族聚居山寨。可邑村民族文化旅游特色鲜明，拥有独特的交通区位、人文生态优势。可邑村距离“福地弥勒”旅游核心区（县城）仅 21 公里车程，西部连乡公路穿境而过，拥有最便捷的交通条件。这里民风淳朴、文化璀璨，是国家级非物质文化遗产“阿细跳月”、“阿细先基”的源生地，也是“阿细祭火”、阿细酒文化最为兴盛之地，积淀了最独特的文化灵魂。9.67 平方公里的红土地上，森林覆盖率高达 80%，山川秀丽，生态完好，先后荣获“全国生态文化村”、“全国森林旅游示范村”、“省级文明村”、“省级优秀妇女之家”等荣誉称号，成功承办了国际人类学与民族学联合会第十六届世界大会可邑村学术考察点和亚洲政党建设扶贫专题研讨会考察工作。

二、主要做法

1. 抓思路，在科学规划上下工夫 坚持规划先行原则，邀请云南省城乡规划设计院对可邑村“最美休闲乡村”建设进行高起点规划设计。按照“道路硬化、街道亮化、沟渠净化、环境绿化、村庄美化”的要求，依托文化资源、生态资源优势，对景观开发、建设及保护，进行了合理规划。

2. 抓合力，在整合资源上下工夫 紧扣项目要向“最美休闲乡村”倾斜、产业要向“最美休闲乡村”靠拢、资金要向“最美休闲乡村”流动、人才要向“最美休闲乡村”集中的思路，找准最佳支点，发挥最大动力，用政府财政补助这根动力杠杆，通过整合资源，大力推进“沪滇援建”建设。

3. 抓督查，在干部责任上下工夫 为确保“最美休闲乡村”建设质量和进度，切实指导好建设工作，一是严格包保责任，明确镇党委书记为第一责任人，驻村干部为直接责任人的目标责任制度。二是采取“5+2”、“白＋黑”工作法推进工作。三是实行联席会议制度，每10天召开一次联席会议，对近期工程推进中存在的困难和问题进行研究分析解决。

4. 抓质量，在群众满意上下工夫 “最美休闲乡村”建设是民心工程，为把好事做实，把实事做好，镇党委、政府专门聘请红河州监理有限公司弥勒项目部对建设材料、工程质量进行全程监理，把“最美休闲乡村”建设工程建成群众满意的惠民工程。

5. 抓长远，在建设标准上下工夫 以可邑村“最美休闲乡村”建设以创建AAA级旅游景区为目标，统筹蚂蚁哨、法雨哨村规划建设，始终坚持规划建设特色、着眼长远，对景点规划布局、功能配套、施工建设均坚持高标准起步，立足放大特色，充分吸纳周边民族民俗旅游、生态旅游、乡村旅游、休闲旅游精华于一体的规划设计建设理念和经验，最终实现“最美休闲乡村”中建设的示范，产业发展中的龙头。

三、主要经验

1. 加快建设氛围更加浓厚 通过“最美休闲乡村”的建设，广大群众思想观念有了很大变化，

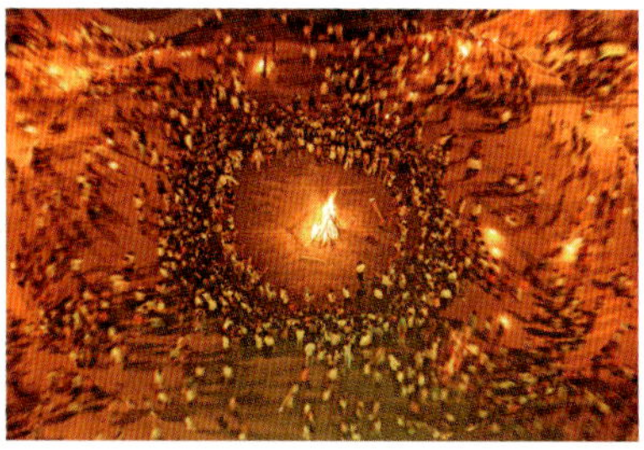

改变了等、靠、要的思想，开始变“要我建”为“我要建”，建设载体和建设方式不断创新，“以房促变”不但改变了群众的居住环境和村容村貌，更重要的是改变了群众陈旧的思想观念，“最美休闲乡村”建设的活力得到激发，步伐不断加快。

2. 示范村的引领作用凸显 通过“最美休闲乡村”建设，改善和提升了人居环境，“美化、亮化、净化”了村庄，公共服务功能的不断完善，引领群众向卫生、文明、健康的生活方式转变，掀起了广大群众投身“最美休闲乡村”建设的热潮。

3. 奠定产业提升坚实基础 通过村庄科学规划、合理布局、村容村貌美化，进一步完善和提升旅游基础设施，完善和提升公共服务功能，为民族文化旅游业的“二次腾飞”搭建了平台，是实现招商引资，企业化经营和发展旅游业的推手，是产业结构调整优化的巨大机遇和动力，特别是可邑村 AAA 级景区的创建。

四、经济社会效益

可邑村拥有独特的民俗人文资源和自然生态资源，立足自身旅游资源优势，发展民俗风情旅游和生态旅游，完善相关的配套设施和基础设施，将可邑村建设成为云南省著名的乡村旅游目的地。带动当地群众发展农副业，扩宽增收渠道。促进绿色经济发展，拉动生产发展，促进民族团结、社会稳定，保护特色民居和特色民族文化传承，有效推动旅游业发展，促进政治文明和乡风文明。

贵州省兴义市 下纳灰村

村庄资讯

地理位置或行车路线

距贵州省兴义市中心区南8公里。地处“国家地质公园”、“中国最美丽的峰林”国家AAAA级景区万峰林腹地。

最佳休闲时间

全年

贵州省兴义市下纳灰村距离兴义市中心区8公里。被誉为“国家地质公园”、“中国最美丽的峰林”的万峰林腹地。区内山峰林立，河水悠悠，柳条儿垂在河畔，八卦田悬挂玉盘，五姐妹山摇手相望，将军峰统帅万千，玉女峰平趟峰巅，万福寺矗立山间，古人“山重水复疑无路、柳暗花明又一村”的名句是这里的真实体现。区内无任何工业，自然风光秀丽、处处峰林美景，仰望天空碧水蓝天，俯视山间峰林成群，眺望田间炊烟袅袅，弯弯曲曲的纳灰河横跨中间，这里是兴义市空气罐头的原产地。

一、下纳灰村概况

万峰林是喀斯特岩溶发育的典型地区，东、西、南三面环山，峰峦簇拥、万峰成林，呈带状峰林画卷。属于低纬度高海拔地带，具有亚热带季风气候特征。夏无酷暑，冬无严寒，雨量充沛，日照长。年均降水量1 424毫米，终年温暖湿润，无霜期达320天以上。万峰林气势宏伟，声势浩大，犹如千军万马组成的队伍。奇峰如林、田坝似锦、河水如带、古榕如云，充满了诗情画意，仿佛人间仙境。

下纳灰村坐落于气势磅礴、风景秀丽的国家AAAA级风景名胜区万峰林怀中，紧邻纳灰河，依山傍水的优美环境赋予了下纳灰这个布依族村寨独具韵味的田园风光和民族风情。全村面积6.3平方公里，耕地面积1 710亩，共有8个村民组，656户，2 755人。

二、基础设施

1. 加强基础设施建设，综合休闲旅游功能得到提升 通过争取村级财政奖补一事一议项目，完成了村内通组公路及串户路的硬化，通过水利基础设施的建设，为休闲观光农业、旅游业、“农家乐”提供了优质水源。同时，为了保护好生态环境，实施退耕还林工程，沿纳灰河两岸实施植树造林工程，努力营造天蓝地绿水清的美丽环境。目前，沿纳灰河已经建成了一道绿色屏障，为万峰林生态休闲旅游业的建设和发展打下了坚实的基础。

2. 美化村容村貌，提升休闲乡村形象 下纳灰村积极争取项目资金，按照布依族、苗族建筑特色，实施民居改造和亮化工程，目前，村子里是清一色的青瓦灰墙、椽斗式建筑，在亮化的房屋前悬挂红灯笼，在休闲步行道沿路人家添置木质楹联，营造出休闲旅游文化氛围，展现在大家面前的下纳灰村是一个环境优美、乡风文明、村容整洁、的美丽休闲村庄。

三、旅游资源

万峰林是国家级重点风景名胜区，地处黔、桂、滇结合部，旅游资源异常丰富。明代地理学家徐霞客曾两次来到兴义，他在《徐霞客游记》中写道：“粤西之山，有纯石者，有间石者，各自分行独挺，不相混杂。滇南之山，皆土峰缭绕，间有缀石，亦十不一二，故环洼为多。黔南之山，则介于二者之间，独以逼耸见奇。”“盖此丛立之峰，西南始于此，东北尽于道州（今湖南通道），磅礴数千里，为西南奇胜，而此又其西南之极云。”并感慨地称为：“天下山峰何其多，唯有此处峰成林”。

万峰林境内的峰林，在海拔800～1 600米之间。由西北部鲁布革镇的大箐开始，东南至马岭河汇入万峰湖的南天门，上部环七捧高原，下部沿黄泥河、万峰湖逐渐展开，形成乙字形的峰林带，

长达 130 多公里，宽由西北的几公里扩展至东南的 50 多公里，其核心景区在万峰林街道办事处。

四、传承、弘扬民族文化

注重挖掘、传承民族文化，利用民族传统节日“三月三”和“六月六”组织舞龙舞狮、“八音坐唱”、花灯、布依族苗族歌舞表演；每逢春节、端午节等节假日举办体育、文艺活动。为传承、弘扬民族文化，丰富休闲乡村旅游内涵，还编排了《布依八音》、《布依傩仪舞》、《布依浪哨》、《女子高台舞狮》等一批优秀的民族民间艺术节目。其中，《布依傩仪舞》进入 2007 年“多彩贵州”舞蹈大赛决赛，荣获优秀奖；《布依八音》获 2008 年“多彩贵州”原生态歌舞决赛银瀑奖。2012 年下纳灰村被省委宣传部、贵州省文明办评为“四在农家创建活动省级示范点”。2013 年，万峰林获得“全国生态文明教育基地”、“贵州省生态文明教育基地”、“中国最美地质公园”称号，下纳灰村被国家民委和贵州省民委授予“民族特色村寨”称号，下纳灰村被农业部、环保部、水利部及国家旅游局、新闻出版广电总局评为“中国十大最美乡村”之一。

五、加快产业结构调整

依托景区优势和休闲观光农业的建设，加快了“农家乐”、农家旅馆等旅游服务行业的发展，2013 年，村里开办的“农家乐”实现收入 900 多万元，户均增收 20 余万元。同时，“农家乐”、休闲乡村旅游的发展带动了全村种植业、养殖业的全面发展。在打造休闲观光、高效、生态农业的有利契机下，引导农户流转土地 300 余亩，成立农民专业合作社 5 个，按照“公司 + 合作社 + 农户”的模式提高土地产出率，把农业生产与休闲旅游有机结合起来，打造集蔬菜、水果、花卉、水稻、油菜等产业为一体的高效精品休闲观光农业，促进农民增收致富。在休闲旅游业的带动下，除农家乐、乡村客栈和出售特色旅游产品效益明显外，自行车租赁、特色小吃也成为村民增收的有益补充。2013 年，下纳灰村农民人均纯收入已达到 8 800 元。

陕西省平利县
龙头村

村庄资讯

地理位置或行车路线

位于陕西省平利县城东南古仙湖旅游景区内，距县城5公里，平镇公路穿村而过。

最佳休闲时间

5～10月

一、龙头村概况

龙头村位于陕西省平利县城东南古仙湖旅游景区内，距县城5公里，平镇公路穿村而过，交通便利，区位优势明显。全村总面积35平方公里，辖14个村民小组，846户，3 176人，耕地面积3 900亩，2012年农民人均纯收入15 000元。龙头旅游村地处冲河河谷两岸，四周环山，境内自然资源十分丰富，山脉连绵，千岩竞秀，万壑争流，村庄与湖泊浑然一体，徽派民居依山傍水，茶叶、绞股蓝产业园集中连片，生态环境优美，是传承农耕文明、展示茶乡风情、开展农业观光休闲旅游的理想之地。目前基本建成了生态茶园、农耕文化园、仿古特色产品展销一条街、登山步道、水上乐园等特色景点和乡村客栈、传统手工作坊、旅游产品门店等乡村旅游配套设施。2008年被中央文明委命名为“全国创建文明村镇工作先进村”，2010年被评为国家AAA级特色休闲旅游景区。

二、农耕文化传承

秦楚农耕文化园是龙头村的标志性项目。女娲故里平利县，地处秦头楚尾，人文历史悠久，早在几千年前，先民就在这块土地上繁衍生息，农耕文明源远流长，地域文化深邃厚重。建设秦楚农耕文化园，集中展示古老农耕文明的博大精深，记载农耕文化的演变历程，对于传承中华文明、丰富地域文化内涵，具有十分重要的意义。

三、特色民居展示

徽州及徽州民居已经成为一个地域性的文化符号。明清时期，徽州商人的足迹几乎遍布了全国各地，正所谓“钻天洞庭遍地徽”。也正是徽商，远赴他乡来到陕西，经营茶叶和盐业。在平利县，留存着众多徽商民居，它们也是今天平利县极力打造的重要名片。县域内水边路旁，映入眼帘的是“碧水蓝天马头墙，翠竹绿树映山庄”的古色古香、特色独具的陕南徽派建筑，让山水里的乡村美不胜收。

四、休闲农业特色

1. 民俗农耕文化节庆活动 节庆活动集中展示农耕始祖文化、农耕史活、农家生产生活用（器）具等地方民俗、地方文化形象，游客可以选择自己喜爱的活动项目，或赏农耕文化，体民俗风情；或登山可眺望青山绿水，吸天然氧吧；或水上可游乐戏梦，观水上风情，赏垂钓之趣。

2. 绿色茶园休闲观光 按照“一村一品”和发展生态观光农业的要求，建设高效密植精品茶园1 000亩，绞股蓝标准化种植示范园680亩，游客可以亲自游园观光、体验采茶制茶等农事活动。

3. 陕南徽派民居村游玩 有仿古特色产品展销一条街，有农耕文化园，休闲垂钓中心，登山游览观光步道，古栈道，水上乐园和花卉盆景园，为游客提供了吃住游等综合性旅游项目需求和配套服务条件。

五、主要成效

1. 增加农民收入 通过休闲村建设，拉动和促进了地方消费，增加了各项产业的收入，有效地带动旅游业、交通业，餐饮住宿业、农产品等第三产业的快速发展，休闲农业年接待15万人次，

实现收入3 500万元，休闲产品实现收入1 000万元，农民从休闲农业中增收12 000元。

2. 丰富百姓生活 通过开展以民俗文化为主的活动，丰富了广大老百姓的文化生活，开阔视野，增添了乡风文化的新理念、新气象。

3. 展示文化底蕴 充分展示平利厚重的女娲文化和茶文化底蕴，推介“女娲故里、绿色茶乡、休闲家园”旅游形象，彰显平利人民团结拼搏、克难攻坚、奋发图强的精神风貌和新时期平利政通人和、百业兴旺的繁荣景象，进一步提升平利在全省乃至全国的知名度和美誉度。

甘肃省迭部县
扎尕那村

村庄资讯

地理位置或行车路线

位于甘肃省迭部县益哇乡境内，地名意为“石匣子”，是藏语的音译。距迭部县城 28 公里。

最佳休闲时间

5～10月

扎尕那村位于甘肃省迭部县益哇乡境内，地名意为“石匣子”，是藏语的音译。距迭部县城 28 公里，地形既像一座规模宏大的巨型宫殿，又似天然岩壁构筑的完整古城，境内森林草场广袤，高山峡谷相依，溪流清泉遍布，藏寨寺院共生，古冰川遗址独特秀美，是一个以原生态自然风光和淳朴民俗风情为特点的藏族村寨。全村有 4 个村民小组，207 户，1 534 人，农、林、牧复合发展。近几年，随着旅游业的发展，村里兴起了以农家乐、藏家乐为主要形式的旅游产业，基本实现了旅游产业致富全村的目标。

2009 年，《中国国家地理》寻找“十大非著名山峰”，扎尕那位于榜单第四位；2013 年，农业部确定“扎尕那农林牧复合系统”为第一批中国重要农业文化遗产；2014 年，扎尕那入选“中国最美休闲乡村”。

蜀汉时期，名将姜维把先进的汉族农耕文明引进到此；吐谷浑时期，汉地农耕文化和藏区游牧文化相互融合，明清“杨土司”时期，农林牧复合系统逐渐发展起来，农田、河流、民居、寺庙与周边的山林和草地互相映衬，滩地耕种、

林草相间。农、林、牧之间的循环复合，使其生产能力和生态功能得以充分发挥，游牧、农耕、狩猎和樵采等多种生产活动的合理搭配使劳动力资源得到充分利用，汉地农耕文化与藏传游牧文化的相互交融形成了特殊的农业文化。

百年前，美籍奥地利裔植物学家、人类学家约瑟夫·洛克在扎尕那考察近两年时间，在美国《国家地理》杂志发表了有关迭部扎尕那的照片和文章，为希尔顿创作《消失的地平线》提供了难得的素材。洛克在日记中这样评价扎尕那："我平生从未见过如此绚丽的景色，如果《创世纪》的作者看到迭部的美景，一定会把亚当和夏娃的诞生地放在这里。迭部这块地方让我震惊，广阔的森林就是一座植物学博物馆，绝对是一块处女地，它将会成为热爱大自然的人们和所有观光者的胜地。"

扎尕那地质构造复杂多样，挺拔峻峭的山峰紧紧相依，海拔 4 000 多米的山峰

犬牙交错，高耸入云，远观百里石峰烟波浩渺，恢宏壮观。所谓 “迭山横雪”是古洮叠的十大景观之首，清代诗人曾写下“迭山南望白无边，雪积遥峰远接天”的诗句来赞誉迭山的雄奇壮丽。奇山之下，群峰像莲花瓣聚拢，呵护着扎尕那4村1寺。正北是巍峨恢弘、璀璨生辉的光盖山石峰，古称“石镜山”；东边耸峙壁立的俊俏岩壁凌空入云；南边两座石峰拔地而起，相峙并立形成石门；再南至东哇、纳加一带，峭壁矗立，清流跌宕，水磨飞轮，流转不息。

扎尕那保存有丰富、形态独特的古冰川地形，古生物化石十分丰富，地表水可以直接饮用。这里保存了丰富的生物资源，是我国种子植物物种多样性最为丰富的温带森林植物区系之一，其中有国家一级保护植物1种，国家二级保护植物15种，甘肃省重点保护植物6种。境内植被的垂直分布特别明显，春、夏季节，草地上鲜花争相开放，秋季一片金黄，冬季银装素裹，可谓“一眼望四季，十里不同天”。扎尕那野生动物有雪豹、金雕、狗熊、林麝、猞猁等陆生脊椎动物68种，其中有国家一、二级重点保护动物28种，走进密林与草场深处，各种小动物时常闯入视野，带给人惊喜。

扎尕那空气湿度大，温差较大，峡谷中烟笼雾罩，为其增添了神秘的色彩。随着海拔的升高，气温下降，云雾增多，时而丽日当空，时而浓雾蔽日，尤其是在春、夏季节，清晨、傍晚或雨后，洁白的云雾，从山谷中一团团地溢出，缓缓的漫上山顶，散成一片轻柔的薄纱，飘飘忽忽地笼罩着山峰，是扎尕那观景最为神奇的时刻。

扎尕那是洮叠古道必由之路，人类活动历史悠久，留下许多遗址遗迹，境内的布岗山古城遗址，源于唐贞观年间。由于地处藏乡，神秘的藏传佛教文化和独具特色的各类传统建筑，与当地独特的自然景观相得益彰。村边小溪上，经轮日夜不停转动，体现了这里藏文化的独特魅力。扎尕那的民间音乐和歌舞艺术形式多样，情调别致，均保持了原生态的格调，有“歌的故乡，舞的乐园”的美誉。

迭部素有“森林之城，人居天堂”的美誉，是藏汉文化的融会带，更是红色文化与绿色生态的结合带，是国家重要的生态安全屏障之一。近几年，越来越多的游客慕名走进扎尕那，为开发建设扎尕那带来了更多的机遇。

青海省海东市乐都区 新联村

村庄资讯

地理位置或行车路线

地处青海省东北部湟水中游南侧，西与西宁市区相邻，东与民和县毗连，南接化隆县以青沙山为界，北与互助县隔河相望，距青海省会西宁市 95 公里，距甘肃省省会兰州市 115 公里。

最佳休闲时间

5 ~ 10 月

一、新联村概况

新联村地处青海省东部湟水河川道，与邻近的峰堆乡、碾伯镇、蒲台村和化隆县接壤，且道路畅通，是乐都区南部山区的政治、经济、文化、集贸中心。在城镇体系规划中，是南部山区的片区中心，乐化公路、乐都南山大通道穿越全村，为新联村的发展提供了有利条件。新联村有 309 户，4 个社，1 134 人，耕地面积 536 亩。2013 年全村人均纯收入 5 010 元，油菜、马铃薯、蚕豆及小麦为主要农作物，主要收入以劳务输出和经商为主。

新联村旅游资源得天独厚，保存完整的瞿昙寺属于第二批国家重点文物保护单位。新联村的花儿会、射箭、唱戏、藏舞等民族风俗活动，构成了旅游业的特色项目。青海省旅游规划中，海东地区的重要景点就是瞿昙寺、药草台、森林观光游。

二、旅游优势

1. **瞿昙寺**　为国务院公布的重点文物保护单位，这座“南山积雪”映照的古刹，始建于明朝洪武年间，是汉式宫廷建筑风格的一组明代建筑群。明太祖朱元璋特赐寺额为“瞿昙”。寺庙依山傍水，信仰藏传佛教的藏族、蒙古族、土族等民族将该寺视为佛教圣地，也是青海省最为知名的花儿盛会区之一。

2.六月十五花儿会 六月十五花儿会为国家非物质文化遗产。2012年瞿昙镇被文化部确定为“中国民间花儿艺术之乡”。据考证，新联村瞿昙寺花儿会从清道光年间瞿昙寺开庙会起，至清末民初逐渐发展成一定规模的花儿会，是当地群众交流花儿的最大舞台。

3. 瞿昙民间射箭 瞿昙镇新联村民族射箭活动历史悠久，源远流长。作为一项重要的民间文化体育活动，从每年3—10月中旬射箭活动就陆续不断，成为一项老少皆宜、不分民族的民间体育活动。

4. 南山积雪 南山古称雪山，当地叫照碑山，是乐都区辖境最高山峰，它沿瞿昙沟汉自西而东，横贯南境。根据《西宁府新志 · 地理志》中记载：“南山冬夏积雪不消，耸出万山之上，俨若银屏，又谓之雪山，俗称南山积雪，为八景之一也”。

5. 药草台寺 为省级重点文物保护单位，藏语称“卓仓大寺 · 扎西当噶”的药草台寺院，位于风景秀丽、泉水潺潺的药草台林区。这片被原始的针叶林覆盖的区域，春季葱葱茏茏，夏季墨黛妩媚，秋季红叶参差，冬季又变得寂静恬淡。

三、具体做法

1. 集镇建设得到实施 按照“符合规划、尊重民意、突出特色、量力而行”的原则。每年投入一定比例资金，逐步在全村加强村容村貌综合整治和村庄基础设施建设，加快村庄绿化，实现庭院清洁卫生，街巷干净整洁。将农户原有土墙全部改建为仿古青砖青瓦，新建了仿古木质大门，新建中心文化活动广场和综合服务中心大楼，基础设施得到了明显改善。

2. 旅游业不断壮大 新联村依托瞿昙寺及自然景观和人文景观、民俗文化，大力发展旅游业，每年来此观光旅游人数逐年增加，年实现营业收入200万元。

3. 新产业得到发展 努力发展新型产业，在促进二、三产业发展的同时，加快农业结构调整步伐，发展具有优势和特色的农产品。新联村村域面积大，家庭养殖基础好，如牛、羊、猪、鸡等以及党参、黄芪等中药材种植和油籽、马铃薯、蔬菜等综合开发。随着本镇旅游资源的开发，产业结构的调整，这些资源将逐步得以开发利用。

4. 小集镇建设稳步推进 一是对从村中由北向南通过的3公里过境公路乐化公路进行了改建；二是为凸现旅游业带动农民收入，在瞿昙河东南征用沿河土地，配合第三产业的发展。三是加大配套辅助设施建设。四是美化了城镇环境。五是修建了寺前广场和入寺阶梯，并配备了休闲娱乐设施。

新疆维吾尔自治区岳普湖县
玛什英恩孜村

村庄资讯

地理位置或行车路线

坐落在布力曼库木沙漠中，距喀什市、喀什国际机场、喀什火车站约110公里，距岳普湖县城33公里。景区主干道与省道S310线贯通，两线相距5.4公里，喀什市内、岳普湖县城公交车、出租车可直达。

最佳休闲时间

5～10月

玛什英恩孜村位于新疆维吾尔自治区岳普湖县铁力木乡布力曼库木沙漠中，全村现有人口319户，1 616人，全村耕地面积5 427亩。玛什英恩孜村距喀什市、喀什国际机场、喀什火车站约110公里，距岳普湖县城33公里。达瓦昆湖景区坐落在玛什英恩孜村，景区主干道与省道S310线贯通，两线相距5.4公里，喀什市内、岳普湖县城公交、出租车辆可直接进入景区，交通十分便利。景区以达瓦昆湖为中心，紧邻世界第二大沙漠塔克拉玛干大沙漠的边缘，辐射“千年胡杨王”、“千年柳树王”、“千年古墓群”等自然、人文景观。

达瓦昆湖原是沙漠中的一个自然湖泊，经过开挖后，湖面达1 000多亩，湖两畔已建成独具特色的欧式风情别墅和极具新疆维吾尔族风情的毡房、民族式餐厅、旅游纪念品店、风情园。夏日里，湖光潋滟，烟波浩渺的湖面上船影点点，游艇的马达与游客的欢笑打破了大漠的沉寂。湖畔的沙滩上，人们尽情享受着日光浴；五彩缤纷的阳伞下，游客们品尝着用沙枣枝、胡杨枝烤出的烤全羊、烤鸡

等维吾尔族风味美食；在旅游纪念品店，当地生产的各种手工艺品琳琅满目，宛如维吾尔族传统生产生活的博物馆。近年来，通过岳普湖县的不懈努力，达瓦昆风景区的基础设施建设日趋完善，被评为国家AAA级旅游景区。

截至2014年底，已累计接待游客70余万人次，实现门票收入1 500多万元。景区旅游业发展带动了相关产业发展，实现综合经济收入突破1亿元。

达瓦昆景区结合喀什成为国家经济特区的机遇，将进一步打造达瓦昆景区沙漠观光生态园地位，创建生态旅游示范区——塔克拉玛干沙漠生态旅游示范区。在景区周边建设相关生态园、生态农业、生态公益林，让游客感受西部有机生态农业魅力农家园的乐趣，增加游客的参与性、娱乐性；将进一步开发新的沙漠旅游娱乐项目，着重开发特色的

专项旅游产品，如：沙滩篝火晚会、沙漠拓展运动、沙疗、沙漠狩猎、沙漠徒步游、生态观光游、沙雕、垂钓、精品自贺车游水上乐园等旅游项目，形成以沙漠观光探险为主的旅游娱乐项目体系；品尝独具特色的架子烤肉、架子烤鱼、“孜阳牌”烤包子等民族餐饮。欣赏木华里麦西来甫演出、维吾尔族摔跤、民族服装展示表演等为代表的能够使游客充分参与维吾尔族民俗风情的表演活动，让游客充分感受当地少数民族民俗、民风民情和丰厚的历史文化底蕴。通过招商引资，吸纳社会资金投入，把玛什英恩孜村达瓦昆景区湖心岛建设成为集度假、娱乐、购物、观光为一体的高档旅游商务休闲中心。

XIANDAI XINCUN

现代新村

天津市蓟县常州村
河北省正定县塔元庄村
山西省朔州市朔城区东神头村
山西省阳城县皇城村
内蒙古自治区乌拉特前旗公田村
辽宁省大洼县北窑村
吉林省农安县陈家店村
上海市松江区黄桥村
江苏省盐城市盐都区杨侍村
福建省闽侯县孔元村
山东省莒县陵阳街村
河南省舞钢市张庄村
湖北省钟祥市彭墩村
湖南省平江县茅田村
湖南省长沙市望城区桐林坳村
广东省广州市白云区寮采村
海南省海口市琼山区田心村
重庆市璧山区天池村
四川省武胜县庐山村
云南省武定县狮山村
贵州省安顺市西秀区桃子村
陕西省铜川市新区陈坪村
甘肃省临泽县南台村
青海省互助县高羌村
新疆维吾尔自治区阜康市花儿沟村
青岛市黄岛区长阡沟村
宁波市鄞州区湾底村
新疆生产建设兵团第十二师三坪农场七连

天津市蓟县
常州村

村庄资讯

地理位置或行车路线

自津围公路往北，下营路口往东到达。

最佳休闲时间

4～11月

一、常州村概况

常州村是天津市蓟县下营镇最北部的深山村，全村总面积10平方公里，共有88户，278口人。从1994年开始，常州村第一个在天津搞起了农家院旅游，走上旅游强村富民的发展道路，成为天津市著名的乡村旅游度假地。先后被评为全国民主法治示范村、全国首批农业旅游示范村、天津市旅游特色村、天津市最具特色美丽乡村。

二、休闲农业特色

1. 自然景观独具特色　常州村地处中上元古界国家地质自然保护区的最北端，这里群山耸立，林海茫茫，林地覆盖率达90%。万里长城在这里穿越，有佛手通天、戚继光峰、护花神、老龙潭、云泉洞等自然景观。神奇秀美的九山顶，海拔1 078.5米，是天津市最高峰。早在250多年前，清世祖顺治皇帝钦定这里为龙脉根基，赐名九山顶，拜封为清王朝万年陵寝的太祖山。

这里的地层和世界上最古老的地层38亿年的太古界迁西群一脉相连，现有17亿年前诞生的多细胞宏观藻类化石。村内建有中上元古界国家地质自然保护区纪念碑、蓟县国家地质公园博物馆等建筑。

常州村地处长城沿线燕山深处，山势峻峭复杂，历来是兵家必争之地。民族英雄戚继光曾在这里戍边抗击金兵。抗日战争时期，这里的云泉洞曾是中共领导的抗日武装和党政机关驻地办公的场所，九山顶护佑冀东抗日军民取得了一次次胜利。1998年，常州村恢复了冀东边区食堂。

2. 农家院旅游特色鲜明 常州村拥有农家院旅游户52户，总床位2 100张。每户农家院都是在2000年以后当地村民在原有房基地上重新建起的二、三层欧式别墅。客房全部配有水冲厕所、电淋浴、地板采暖、有线电视、空调等必要设施。

三、发展思路

1. 发挥资源优势开办旅游景区 1994年，在县、镇两级党委政府的关心支持下，常州村结合村情实际，确立了走旅游强村富民的发展道路，着手开发九山顶景区。十几年来，共投入资金2 000多万元，游览内容不断丰富。2002年，九山顶风景区被评定为国家AA级景区。

2. 突出山村特色发展农家院旅游 在开发九山顶景区的当年，该村村民高翠莲就利用自家房舍，开始接待游客食宿，成为天津市开办农家院旅游第一人。十几年来，常州村以吃农家饭、住农家院、干农家活为主题的农家院旅游稳步发展，对外影响力不断扩大。

3. 不断开发体验式旅游项目 根据景观特色，常州村先后设计推出了农家休闲游、生态观光游、地质科普游、红色教育游四大专项旅游产品。逐步完善旅游休闲度假功能，修通入村柏油公路，村内生活垃圾实现统一收集、统一处理，生活污水排放全部达到国家二级排放标准。

4. 探索行之有效的旅游管理模式 经过多年的实践，形成了“公司＋农户”的乡村旅游管理模式，制定农家院管理规定，对全村农家院实行统一管理，统一收费标准、统一分配客源、统一教育培训，形成了村、景区、户三级服务网络。

2013 年常州村共接待游客 18.9 万人次，实现旅游综合收入 1.2 亿元，从业农民人均纯收入 4 万元。常州村旅游业的发展还极大地带动了全县乡村旅游和休闲农业规模的壮大，周边村庄有上千家农户长期服务于常州村旅游交通、农副产品销售、农家院服务、水产养殖、家禽家畜养殖、果品采摘、建筑劳务，有效地带动了一方农民共同走上致富道路。

河北省正定县
塔元庄村

村庄资讯

地理位置或行车路线

自河北省正定县城乘坐 133 路直接抵达。

最佳休闲时间

冬季冰雕展，夏季水上乐园项目

正定县塔元庄村位于河北省省会石家庄市北 15 公里，地处滹沱河北岸，为农业部环境卫生示范村、全国妇联基层组织建设示范村和河北省文明生态先进村、文明村、卫生村、民主与法治示范村、新民居工程示范村等，为石家庄市十大魅力村庄之一。习近平总书记曾于 2008 年 1 月和 2013 年 7 月先后两次视察塔元庄村，为美丽乡村建设发展指明了方向。

从 2008 年起，塔元庄村开始实施新民居工程。新民居建设为原拆原建、先拆后建，不占用任何耕地。新民居工程，实现了农村“平”改“楼”，农民享受到“居住在农村、生活在城市”的宜居生活，村容村貌得到彻底提升，环境优美、生活丰富、生活美好。随着塔元庄村的发展，将成为河北省知名游览区和地标性景观，构建石家庄和正定城区的生态核心。

2009 年至今，塔元庄村加大楼区配套设施建设。每个楼区进行了路面硬化、铺砖、绿化，每个楼区都建有休闲绿地、车棚等便民设施。投资建设了楼区取暖设施，取暖采用水源热泵技术，既节能又环保，村民冬季供暖费用全

由村集体负担。新民居全部实现了天然气入户，村民日常生活所用全为清洁无污染能源。完成了排污管网铺设，使村里排污管网与县管网联通。2010 年，村内拓宽硬化了 600 米长的东西大街，投资 100 万元在村中心建成了占地 12 000 平方米的村民活动广场，广场建成后，极大地丰富了村民业余生活。2014 年，塔元庄村投资 50 万元新建牌楼一座、标示性的北大门和一个村庄标识，硬化拓宽了宽 24 米的南北大街和村南堤顶路，并进行了高标准的绿化，栽植了法桐、银杏，安装了太阳能路灯，村容村貌得到彻底提升。

目前，塔元庄村已成立农村经济合作社，农民通过土地入股，依靠合作社管理农业科技示范园建设。通过农村经济合作社以租赁方式进行农村土地流转，已回收土地 300 亩，实行土地集体耕种，统一管理，以实现土地价值最大化。其中都市观光农业大棚计划占地 100 亩，无公害菜园占地 50 亩。无公害菜园严格按照无公害蔬菜标准管理，由县农业局负责指导用药、施肥等技术。

农业科技示范园集特色种植、休闲、旅游于一体，已成为正定县西部滹沱河区域现代化的农业生态观光园，每年吸引游客5万人左右，为游客提供产品采摘、农事体验、休闲观光、旅游购物等。园区包括30个日光温室、1个1万平方米的联栋智能温室、50亩的开心农场、100亩的果园等。园区功能分为果蔬采摘区、开心农场、垂钓场以及农业管理区等，主要品种有草莓、黄瓜、蘑菇、樱桃柿、蜜桃、核桃等，采用无土栽培等种植方式，产品具有无污染、安全、优质特点，深受游客欢迎。此外，园区还有冰雕展、水上乐园、小吃一条街等，供游客游览、游玩和品尝，多种形式满足游客的休闲旅游需求。

山西省朔州市朔城区
东神头村

村庄资讯

地理位置或行车路线

位于山西省朔城区东北部，是神头镇政府所在地，距朔州市区 17 公里，著名的桑干水源神头泉即出自此处。

最佳休闲时间

全年

东神头村位于山西省朔州市朔城区东北部，背靠洪涛山脉，隶属于朔城区神头镇，系神头镇镇政府所在地。全村共有 815 户，1 970 人，面积 6.02 平方公里，耕地 2 014 亩。2012 年农村经济总收入 7 542 万元，农民人均收入 12 143 元。

东神头村自古依山傍水、人杰地灵、生态优美、矿产丰富、环境优美。境内有神头海以及神头三大王遗址等历史人文景观，还有周恩来总理从朝鲜引进的虹鳟特色养殖基地。

改革开放以来，东神头村依靠本地交通便利、矿产资源丰富等优越条件，率先搞起运输业，使当地村民找到了致富门路。在搞运输业的同时，东神头村利用神头泉水常年恒温的特点，大搞虹鳟的养殖，引进科学的养殖技术，使虹鳟的成活率大大提高。如今，东神头村又利用村内优质石灰岩储量大的优势引进了大型水泥厂一座，利用村内泉水资源丰富、水质好的特点引进矿泉水厂一座，使村内的剩余劳动力进厂变身为工人，让老百姓的生活越来越好，成为远近闻名的富裕村。

2011 年，在镇村两级干部的努力下，共投资 700 多万元，将神头海及周边环境进行了治理，在神头海的周边修建了观景台、景观桥、凉亭等，种植各类花草树木，成为村民健身、休闲的好去处。

东神头村有悠久的历史人文景观，距今 1 500 多年的神头三大王遗址就坐落在此，还有神头泉水等独特景观。美丽的神话传说加上独特的历史景观，引得城里人在周末的时候全家来此踏青游玩，成为远近闻名的观光、休闲的好去处。

如今的东神头天蓝、山青、水绿，村风文明和谐，村容整洁宜居，村民安居乐业，在村党支部、村委会的带领下，全村群众正向着建成社会主义新农村迈进。

山西省阳城县
皇城村

村庄资讯

地理位置或行车路线

高速直达北留收费站出口，2公里到达皇城村。

最佳休闲时间

3～10月

一、皇城村概况

皇城村位于山西省阳城县北留镇，是国家AAAAA级旅游景区皇城相府所在地。全村296户，814口人，面积2.5平方公里，晋阳、晋侯高速公路擦肩而过，至郑州、洛阳、长治等航空港的路程均为1个半小时，地理位置优越，交通十分便利。近年来，皇城村依托丰富的旅游资源、良好的自然山水，优越的生态环境和独特的交通条件，大力发展休闲农业和乡村旅游，建成了皇城相府国家AAAAA级景区，2013年接待中外游客180万人次，旅游综合收入3.5亿元，农民人均纯收入达到5万元，走出了一条“以农促旅、以旅强农、农旅结合”的新路子。村集体先后获得全国先进基层党组织、全国文明村、全国生态文化村、全国农业旅游示范点、全国文化产业示范基地、中国十佳小康村等荣誉称号。“皇城相府”还被评为全国旅游界继北京故宫之后的第二个“中国驰名商标”。

二、产业特色

1. 开发皇城相府，发展乡村旅游 从1998年开始，按照“拯旧如旧”的原则，用3年多时间完成了投资过亿、总建筑面积10万平方米的古迹保护和旅游开发工程，使皇城相府这一具有400年历史的古城堡焕发出勃勃生机，被称为“中国北方第一文化巨族之宅”和“东方第一双城古堡”。又先后开发了自然山水观光型产品九女仙湖，乡村观光体验型产品生态农业园，乡村休闲度假型产品相府庄园，参观考察型产品小康新村，形成了人文景观、自然景观、生态农业、商务会议、新农村建设相互融合的综合性休闲旅游区。2010年评为国家AAAAA级景区。

2. 完善配套设施，提升接待能力 修建三星、四星、五星级宾馆，发展家庭旅馆，修建明清商业一条街，绿化荒山和空地2 680亩，美化亮化了所有房屋建筑，建起休闲广场、演艺舞台、音乐喷泉、水幕电影、农民公园等设施，使吃、住、行、游、购、娱六大功能不断提升。

3. 突出乡村特色，发展现代农业 科技农业观光园由生态农业区、生态抚育区、休闲度假区、景观养生区四大功能区组成，建有38栋联栋温室、日光温室和冬暖式大棚。在联

栋温室中建有珍奇花卉园、热带风情园、奇特瓜蔬园、芳香养生园四个各具特色的观光园；在日光温室和冬暖式大棚中，展示了现代高科技农业的发展成果。生态抚育区由奇树园、樱花园、石榴园和采摘园四个园区组成，栽植银杏树、皂角树、五针松、泰山松、樱花树、紫荆花、猕猴桃等60多种风景树种，基本做到了四季常青、三季有花。

4. 丰富文化内涵，增强景区吸引力 修建了全国第一座字典博物馆，共收藏古今中外辞书字典5万余册，其中不同版本的《康熙字典》就有127种4 800余册；编辑出版了有关陈延敬和皇城相府的书籍30余部；编排了名扬全国的大型情景剧——开城仪式“迎圣驾”，以及上党八音会、编钟乐舞等多项独具地方特色的文艺节目等。

三、发展成效

全村70%的农户兴办了家庭旅社、家庭餐馆或从事旅游商品经营，户均收入2万余元；还为周边村3 000余名农村剩余劳动力提供了就业岗位。村民全部住上花园式别墅，用上清洁能源，构建了一个文明富裕、和谐稳定、生活幸福的社会主义新农村。

内蒙古自治区乌拉特前旗
公田村

村庄资讯

地理位置或行车路线

线路一：京藏高速在前旗下车可到达公田村；

线路二：京藏高速从西小召出口向东可到达公田村；

线路三：沿110国道从葛蛇桥向西10公里即到；

线路四：从五原一西小召10公里即到。

最佳休闲时间

6～9月

公田村位于内蒙古自治区乌拉特前旗西小召镇，是自治区、市、旗新农村建设试点村，总面积150平方公里，耕地面积10万亩。南临黄河，水草丰美，渠系成网，旅游资源十分丰富。全村有15个村民小组，1 067户，4 268人。

公田村以农业为主，种植花葵、玉米、小麦等农作物，年产花葵3 000多万斤；牧业以巴美肉羊养殖和育肥为主，牧业收入户均1万多元。林业发展和农田开发、中心村建设同步进行。多年来通过“一事一议”项目实施水利提水工程与新农村环境卫生集中整治建设，形成渠、路、林、田、排网络化格局和以中心村为集中居住地的田园式风貌的新农村。公田村还被评为全国文明村、生态村、诚信村。

从1990年开始，以“物质文明、精神文明、生态文明”建设为抓手，不断发展壮大集体经济，鼓励和支持私营企业发展，采用多种方式方法，带领村民发家致富。村民人均纯收入从1989年的68元增加到现在的11 500元。村集体经济固定资产从一穷二白发展到现在的5 000多万元。

私营小型企业及门点增加到40多家，规模养殖户达50多家。农业种植合作社4家，百亩以上种植大户500多户。

走进国家AAA级旅游景区——公田农庄，开始游览一条河套现代生态农业观光旅游线，开始领略一个新时代城镇化的生态农庄；走进公田村博物馆，仿佛穿越河套农业百年间的历史文化长廊，整个馆内图、文、物并举，以横纵向互补配合的形式，展示了民国时期至今，后套地区的习俗；走进黄河旅游景点，宽广博大的“母亲河”，逶迤细腻的自然沙丘，“风吹草低见牛羊”的芦苇丛，婆娑摇曳的顺柳林，一望无垠的葵花地，让人流连忘返，仿佛置身人间仙境。整个农庄从规划到布局，先后征求专家和群众意见，使居民区、养殖区、工业园区相隔，既方便村民养殖，又适宜人居；商业区与生态园区相望，既方便村民购物，又适合村民休闲娱乐。公田农庄清水环绕，绿树环抱，环境优美，空气清新，远离闹市，回归自然，使人既可以体会到新时代的农村风情，又可以品尝到地道的农家饭菜。

公田村主要街道全是柏油路，四通八达。巷道全部硬化，道路两侧全部绿化和亮化，排沟建成景观水系。通过对村庄的集中整治，村容村貌大为改观，环境卫生得到有效治理，既保持了田园风貌、突出了乡村特色，又给村民创造了宜

居优美的居住环境。在一事一议项目实施过程中，先征求群众意见，亮明家底，对一事一议的款项实行专账专人管理，工程完工验收合格后，及时公布账目。从立项申报到施工结束，全程都在群众参与和监督之下进行。做到了公开透明，起到了密切联系群众，四两拨千斤的良好效果。

通过招商引资，争取国家项目，集体经济支撑，开展新农村建设工作，同时加快发展教育、卫生等公共事业，大力发展繁荣农村文化事业，切实办好事关群众切身利益的好事。继续坚持“经济发展产业化，农牧业经营规模化，村庄建设城镇化，村民教育经常化，党员干部学习制度化”的总体思路，发展繁荣文化事业，以文化旅游业带动三产业的发展，增加就业劳动力。坚持经济、政治文明同时抓，在增加农民收入的同时，把集体经济放到重要位置，走共同富裕之路，平等共享改革开放成果。努力建设稳定平安村、生态文明村、富裕安康村的“美丽休闲乡村”。

辽宁省大洼县
北窑村

村庄资讯

地理位置或行车路线

自辽宁省大洼县城有至北窑村交通车到达。

最佳休闲时间

5～10月

一、北窑村概况

北窑村位于辽宁省大港县唐家镇最南端，现有642户，2 562人。全村人均收入达14 300元。水田面积为8 200多亩，葡萄种植面积近千亩，目前已形成以水稻种植业为主导产业、以葡萄为特色产业的发展格局。北窑村正在建成环境优美、文明富庶、平安和谐、休闲养生的最美乡村。

二、发展成效

北窑村坚持宜散则散、因地制宜、整体改造的模式，打破了城乡一体化发展的固有套路，为推进城乡一体化发展探索出了一条新路。

1. 乡村居住环境得到明显改善，为推进城乡一体化起到了示范作用 在环境治理方面为全镇起到了示范作用。首先是不断提高绿化面积。对所有街路的路肩修缮、绿化、修建台田，在主街路和农户房前屋后栽种山楂树、五叶地锦等10余种近10万株树木，力求达到村在林中，户在树中，人在花中。其次是对路边排水沟清排，沟内栽种水葫芦、蒲草等水植物，达到水清路绿。再次是设置环卫设施。

设置垃圾箱和环卫工人，全天候清洁环境卫生。最后是引进了 300 多座无公害厕所，村民全部吃上了放心、甘甜的自来水。

2. 公共基础设施得到了极大改善，为推进城乡一体化起到了引领作用 改造前的北窑村“风天一身土，雨天一脚泥”。而改造后，全村家家户户窗明几净，房屋顶部铺设琉璃瓦，主街沿线统一栅栏，院墙变成了被赋予养生健康和孝道文化内涵的长廊，绘制春夏秋冬四季养生文化图画宣传，诠释着生态、健康、幸福的新理念，建成了全国第一个健康文化主题村落。北窑村入围了全国“美丽乡村”评选，这在全国是第一批，在盘锦是第一家。

3. 公共服务得到了明显提高，为推进城乡一体化起到了助力作用 公共服务让群众享受到了与城里人同样的待遇。一是开展健康行动。为全镇 3 万村民进行每个人 500 元的免费健康体检，在全国范围内首创了“三个一”（每人一次健康体检，每人一个健康计划，每人一份健康档案）模式。二是坚持教育优先发展。让农村的孩子也接受先进的素质教育理念。三是医疗待遇在提高。与全市

最好的三甲医院合作，以高水平的操作和诊疗确保体检结论的准确性，让唐家镇的所有群众免费享受到全市最高端的医疗资源。四是开展了大爱唐家活动。每年投入20万元资助困难群体子女上学问题。五是实行第一书记接待日。由镇副职领导担任村第一支部书记，每周三在村里为群众解决实际问题。六是文化产业不断提高。文体协会的成立、生态文明文化广场的建成，成为村民休闲健身、业余文化发展的纽带。

4. 农业产业化得到了快速发展，为推进城乡一体化起到了支撑作用 北窑葡萄被中国葡萄学会确定为“中国优质生态葡萄示范基地”，成为农业发展的重要支撑，实现葡萄精品化、产业化、市场化，让村民增加收入，促进唐家镇特色农业经济持续、健康、协调发展。

吉林省农安县
陈家店村

村庄资讯

地理位置或行车路线
位于吉林省农安县合隆镇北3公里处。

最佳休闲时间
5～11月

陈家店村位于吉林省农安县合隆镇，面积10.96平方公里，有10个自然屯，南距长春市16公里，北距农安县城45公里，东邻302国道。耕地793公顷，林地41.93公顷，水域11公顷。全村997户，3 636人。2013年全村实现工业产值693万元，农业产值1 954万元，蔬菜及特色收入1 260万元，农民人均纯收入达13 600元，村集体固定资产5 500万元。

一、经济发展状况

2005年，陈家店成立第一个股份制企业，目前已拥有三个合作社、三个股份制企业，并在2009年注册成立了吉林省众一农业开发集团有限公司。因发展需要，2010年12月又将三个合作社升级为农安县农业专业合作社联合社，升级后的联合社运转更流畅，发展也更快、更好。目前，农安县农业专业合作社联合社养殖、种植、农机具的规模都在不断扩大，农民收入不断增加。

2008年9月，陈家店村村民代表大会决定，全村实施土地流转集中由合作社经营。

土地流转后给村里带来了巨大的变化。通过合作社集中经营土地的形式，使土地逐步向种田能手和农机合作社等经济实体集中，实行机械化经营，提高了土地产出率、劳动生产率的规模效益。同时带动了农村劳动力转移，提高了农民收入。农民通过土地流转，使之从种植业中转移出来，安心从事二、三产业以及外出打工，既解放了劳动力，又增加了收入。土地流转后，村内相继建立了一批企业及专业合作社，促进了农村产业结构、农业内部结构的调整与升级。

二、社区建设

陈家店村借助土地增减挂钩政策，全力加快城镇化建设步伐，实现村民到市民的转变。

为了让村民享受安全、健康、舒适、幸福的生活，完善村民医疗、卫生、教育、交通方面的需求，陈家店村争取项目资金，加大了基础设施建设力度，切实改善群众生产生活条件。

投资 545 万元铺设水泥路 23 公里、砂石路 16 公里，建成主干道“四纵四横”路网。

投资 550 万元，先后对主干道路、社区进行了绿化，绿化面积达 27 公顷，栽树品种主要有云杉、白桦、梧桐、曲柳、黄菠萝等。

投资450万元建设村农机大库，占地面积 10 000 平方米，建筑面积

4 000 平方米。

投资 2 260 万元完成了村新社区的供暖管网、排污管网、自来水管网的铺设，管网总长度达 12 853 米。

三、公益事业建设

1. 加大教育投入 为让村里学生享受到更好的教育，村委出资购买两辆班车，负责接送本村的学生到合隆镇学校就读。

2. 加大文化设施投入 投资 630 万元建设占地面积 99 000 平方米幸福公园，其中休闲广场占地 10 000 平方米，种植草坪 36 000 平方米，公园内种植景观树及草坪，丰富群众业余文化生活。

3. 加大卫生设施投入 投资 50 多万元建立了村卫生所，做到大病早知道，小病不出村，方便了群众就医。全村农民合作医疗的参合率达到 100%，在很大程度上减轻了农民的负担，缓解和消除农民因病致贫、因病返贫的现象。

四、文明村屯建设

1. 开展了“十星级文明户”评比活动，推动村风文明建设 为加快推进社会主义新农村建设进程，实现“村风文明”的目标，近几年，陈家店村持续开展“十星级文明户”创建评选活动。创建工作领导小组年初制定《陈家店村“十星级文明户”年度活动方案》，评定的主要任务是对上年的“十星级文明户”进行复评，并对新参与评选的农户按照评定标准进行评定。

2. 举办文体活动，丰富群众文化生活 为丰富村民生活，陈家店村已成功举办了三届“农民艺术节”，活动内容丰富，形式多样，有歌曲、舞蹈、乐器表演等，这一系列节目都是村民自编自演。

3. 关爱老人，传承尊老美德 从 2013 年起，陈家店村每年为 60 岁老人集体举办生日宴会。并从 2014 年起，对 80 岁以上的 67 名老人进行生日补助，80 ~ 89 岁老人生日当天补助 200 元，90 ~ 99 岁生日当天补助 500 元，100 岁以上生日当天补助 1 000 元。村里举办集体生日宴会不仅体现对每位老人的关爱，也对提倡敬老爱老起到了积极的促进作用。

上海市松江区 黄桥村

村庄资讯

地理位置或行车路线

位于上海市松江区泖港镇中西部，同三高速西侧，是黄浦江上海境内源头。

最佳休闲时间

全年

一、生态环境情况

黄桥村位于上海市松江区泖港镇中西部，同三高速西侧，是黄浦江上海境内源头。全村面积3.2平方公里，总户数580户，2 074人。耕田面积3 224亩，其中750亩绿叶蔬菜基地，460亩涵养林，1 713亩水稻田。涵养林区内种有水杉、金合欢、梧桐等亲水性强、自然适应性好的乡土树种，植有冷杉、桂花、香樟等深受市民喜爱的树种，品种已达300余种。林区内树木葱郁、清幽格静、花香四溢、飞鸟幽鸣；并建有小木屋、观林亭供游人小憩赏景；数百亩水面放养着十多种野生鱼类，可供游人垂钓，景色宜人，适合观赏。

经过多年来不懈的努力，黄桥村实现了“田成方、路成网、渠配套、林成行”的农业生产面貌，已成为全市现代农业产业的典型代表，是上海“三农”工作综合试点核心区，新农村建设示范村，村里的万亩优质水稻基地连续七年被评为上海市优质水稻创建评比一等奖。全村以日常管理为抓手，创新开拓思路，以农田园艺化和生态化为基础，以确保粮食生产为主线，不断探索机农结合、种养结合新模式，抓好“‘三农’示范区”农业形象，从高产、优质两个方面入手，充分发挥农业效益。从原来的环境“脏乱差”，到现在的“写意村庄”，生态文化旅游事业逐步发展。在农业生态建设上，黄桥村把环境保护与现代农业发展相结合，严格实行“三三制”耕种模式：大、小麦播种、绿肥种植、稻田深翻面积各占三分之一。改善粮田质量，提高水稻产量，保护农村生态环境的可持续发展，生态环境得到了很好的恢复，实现了人与自然和谐发展。

二、休闲农业发展

黄桥村村民文化生活丰富，以生态休闲文化为载体的各类民间活动、节日活动日益深入到村民的日常生活中。定期的电影展播、文明礼仪辅导、“送医下乡”健康文明宣传、“送戏下乡”以及“迎新春送春联”等各类文体活动各具特色，都为村民创造娱乐、学习与交流相融合的平台。

黄桥村多年来有写楹联、贴春联的习俗与爱好，许多村民都是楹联爱好者，村党总支把这些村民组织起来，于2008年成立了黄桥村“楹联沙龙”，开展了迎世博、庆建党、廉政文化等专题楹联创作展示及送春联活动，并以“丰富楹联、服务农村、文化强村”为目标，荣获上海市楹联第一村的光荣称号，“弘楹联文化，展黄桥新风”，为提高村民文明素养搭建有益平台。

为保护生态，村里制定了“生态建设村规民约”、“家庭农场各项经营规章制度”等管理制度，推进民主管理进程；编辑了《魅力黄桥》一书、征集了“家训小故事”，进一步丰富了生态休闲文化的内涵。

山水孕育人文，人文推动经济，如何依托本地资源产生经济效益，发展休闲旅游业带动农民增收，是黄桥村两委班子一直考虑的问题。近年来，全村不断致力于改善农村的生态与景观，开展村容村貌整治、探索农村生态旅游的发展，以独特的农业资源和天然美景吸引了越来越多市区及本地游客的青睐。

黄桥村运用丰富的涵养林资源，在2010年引进一个占地800多亩的大型农家乐（浦江源温泉休闲农庄），农庄依托水源涵养林区域的环境，将旧农舍改造为节能建筑，以农业休闲旅游为主打，集温泉住宿、会务餐饮、娱乐观光于一体。内有辽阔的生态涵养林，全木结构低碳别墅（会呼吸的房子），是一个天然氧吧。丰富的自然能源及美妙的再制造，构成了一座全方位、多功效的大型农家乐度假村。

近年来，黄桥村先后荣获全国特色村（绿色村庄）、全国妇联基层组织建设示范村、全国示范农家书屋、上海市先进基层党组织、上海市文明村、上海市生态村、上海市楹联村第一村、上海市十大“我喜爱的乡村”之一、上海市优秀人民调解委员会等诸多荣誉。

“泖港家家新气象，黄桥处处喜楹联”、“泖田稻穗千重浪，农舍诗联万户花”……从2008年“黄桥楹联沙龙”成立以来，村里辟出两大间房子常年陈列村民创作和书写的联轴每年春节，新春开展写春联、送春联活动。发扬楹联民俗文化，助推乡风文明建设。2011年1月，黄桥村被上海楹联学会命名为“上海楹联村”。

江苏省盐城市盐都区
杨侍村

村庄资讯

地理位置或行车路线

距盐城市区 15 公里，距盐城火车站 20 公里、盐城南洋国际机场 25 公里，距 S29 盐靖高速出口 5 公里，省道宁盐一级公路贯穿我镇南北，盐金国防公路、徐淮盐高速公路横跨盐都区东西。

最佳休闲时间

全年

一、杨侍村概况

杨侍村位于江苏省盐城市盐都区郭猛镇，郭猛镇是以英雄烈士命名的乡镇，历史悠久，人杰地灵。杨侍村是由原严桥村、北侍村、张铺村、蒋庄村四个自然村合并而成。杨侍村距盐城市区 15 公里，距盐城火车站 20 公里、盐城南洋国际机场 25 公里，距 S29 盐靖高速出口 5 公里，省道宁盐一级公路贯穿镇南北，盐金国防公路、徐淮盐高速公路横跨镇城。

全村现有 1 680 户，人口 5 580 人，耕地面积 7 390 亩，2013 年实现三业总产值 3.5 亿元，税收 1 500 万元，农民人均纯收入 14 376 元，劳动力就业率 100%，先后荣获中国最美休闲乡村、中国最美村镇、全国美丽乡村创建试点村，省、市级“文明村”，省、市级“最美乡村”，省、市级“生态村”，省、市、区级“康居示范村”，江苏省四星级乡村旅游示范点等称号。连续八年被盐都区委、区政府表彰为“农村经济排头村”。

二、科学制定总体规划，打造靓丽村居

杨侍村聘请有关高校的专家科学制定总体规划，重点实施了“一个中心、一个园、七个区”发展战略：“一个中心”即农民科技培训中心，“一个园”即“江苏稳强农业生态园”，“七个区”即“千亩农业生态旅游区、千亩有机果蔬生产区、千亩优质稻麦示范区、千亩特种水产养殖区、千亩花卉苗木培育区、农副产品加工区、新型农民居住区”。

三、产业支撑富民强村，工业反哺农业

多年来，杨侍村一直坚持“以工兴村，反哺农业”的理念，先后培育了稳强打捞、稳强纺织、稳强服装、华璧铸造、伟拓球铁、木器加工、陶瓷批发、稻米加工等一批特色产业，培育了“杨侍村牌”、“稳强牌”等6个注册商标。

近两年，杨侍村又从工业创收中，每年拿出几千万元发展现代高效农业，建设“江苏稳强农业生态园”，大力发展生态农业、高效农业、有机农业、观光农业、旅游农业。仅高效农业一项即可增加农民人均收入2 000元。村里规定，凡是土地全部流转出来的农户，由村里每人每月供应大米30斤，60岁以上老人月享受120元补助，70岁以上老人月享受150元补助，80岁以上老人月享受200元补助。

四、强化民生为先理念，增强百姓幸福指数

1. 加大基础设施投入 近两年基础设施建设先后投入 1.501 9 亿元，完善杨侍村各项基础设施建设。

2. 推进服务均等化 已经建成 150 户农民集中居住区和 80 套农民安置房。投入 300 万元用于小区基础设施配套建设。新建功能齐全的农民科技培训综合楼（包括远程教育场所、藏书 10 万册农家书屋、100 张床位的敬老院、建成达标的社区卫生服务站）。

3. 开展农村环境整治 新建污水处理厂，实现污水日处理能力 600 吨，秸秆还田 100%，有线电视、电信宽带全部入户。目前，空气、水质均达一级，绿化覆盖率 45%。

里下河赋予杨侍村丰富多彩的内涵，也给杨侍村注入打造“苏北休闲旅游第一村”的活力。近几年来，着眼于建设“全国最美乡村”、“中国最美休闲乡村”、江苏一流的自驾游基地的目标，一方面，加强硬件投入，进一步完善和提高旅游服务功能，倾力打造一流休闲乡村；另一方面，加快村庄环境的改善。从聘请专家规划设计到加大基础设施投入，从村民安居工程的实施到生态园区建设，从提高服务人员素质到加强综合管理，进行全方位的提升，有效地提高了杨侍新农村建设的进程。

美丽杨侍，生态家园；魅力杨侍，风光独好。我们有理由相信，富有创新意识和担当意识的杨侍人，一定会把杨侍村建设得更加美好！

福建省闽侯县
孔元村

村庄资讯

地理位置或行车路线

位于闽侯县白沙镇东北部，距镇政府5公里，33路公交至白沙镇转603公交到孔元村，距京台高速互通口（在建）100多米。

最佳休闲时间

春季、秋季

孔元村位于福建省闽侯县白沙镇东北部，距镇政府5公里，距京台高速互通口（在建）100多米，与井下村、楼格村相邻，是原福建省第三监狱所在地，四面环山，具有良好的交通区位优势。现有耕地1 000多亩，山林地8 850亩，井下溪、东溪穿村而过，山清水秀，环境优美。全村人口866人，253户，下辖8个村民小组，这里民风淳朴，村民勤劳，村干部具有较强的凝聚力和战斗力。2013年村财收入28万元，农民人均年纯收入10 500元。

2012年3月，孔元村被列为福州市精品村示范点，该村精品村建设坚持“田园风光、宜居村落”的原则，依托优良的生态环境和现代先进的农业科技成果，咬定青山绿水不放松，围绕“四季农田七彩农业”的轴线，突出“多功能农业、实现农民增收”和“乡土生态文化、展示宜居环境”两种内涵，按照“绿色有浓度、环境有亮度、产品有丰度、体验有深度”的追求，打造“季季有花看，月月有果吃”的乡土“世外桃源”。未来孔元村将呈现一个宛如画卷般的魅力村落。孔元村精品村建设项目共生成

25 项，计划总投资约 1 800 万元，完成投资 1 586.7 万元。基础设施和景观建设等方面初见成效。其中 9 条区间道路、6 条景观挡水坝、3 座公厕、2 处停车场、一座观景长廊、2 公里慢行道等 13 个项目已完成建设，立面改造已完成 60 栋 98 户，滨溪景观工程建成使用、孔元中桥已完成。孔元村保持较完整的原生态面貌，山丘秀丽、农田肥沃、空气清新，两条小溪贯穿全村，自然条件得天独厚。种植樱花、紫薇、碧桃、桂花、三角梅等观赏树种，推出花葵、波斯菊、满天星等花海为主题的赏花休闲游，结合省级闽台乡村游试验基地建设，通过流转农田，引进“公司＋合作社＋农户”模式成立资金互助社、果蔬合作社、旅游合作社共同发展。未来京台高速公路的通车，使距离京台高速出口仅 100 米的孔元村，将成为福州市人民假日休闲的好去处，成为福州的后花园、自然菜市场。村内各种农业耕作都采取无农药

耕种，村内成立蔬菜水果产销合作社，供应福州市民的日常需求；除了鲜蔬鲜果销售，村内还发展微型食品加工的体验活动，举办做果酱、酱菜、酿醋、酿酒、茶叶，以及米食、豆腐的制作课程，以丰富乡村旅游体验，努力实现“生态美、百姓富、集体强”的目标。

山东省莒县
陵阳街村

村庄资讯

地理位置或行车路线

位于莒县县城东南部、沭河东岸，是陵阳镇政府驻地。北距 335 省道 200 米，南距日东高速公路 8 公里，莒中公路南北穿境而过。

最佳休闲时间

4 ~ 10 月

陵阳街村位于山东省莒县陵阳镇。全村有 248 户，756 口人，总面积 1 007 亩。

这里是中华文明的发源地之一。陵阳河大汶口文化遗址出土的大口尊、牛角号等几千件文物为中华民族 5 000 年文明史找到了证据，20 余个陶文成为中国最早的文字。人类文明首先在陵阳河拉开了序幕，也使陵阳街村最早享有了文明成果和获得了文明发展的先机。

改革开放初期，村党支部书记马先富舍小家为大家，将自己几十万创业家产无偿奉献给集体，带动群众发展经济走共同富裕的道路，使陵阳街村成为远近闻名的致富带头村，并由此获得了多项荣誉。

多年来，陵阳街村紧跟时代步伐，领先创新发展，紧紧围绕“以工促农、以工富农”的发展思路，以建设“富裕文明、秀美和谐陵阳街”为目标，大胆实践、努力探索，全村经济和社会事业取得了长足发展。

创建东莒集团，并发展成为省重点农业龙头企业。建起了年可储存 3 亿千克的冷藏加工区，开发了万亩绿色瓜

菜出口创汇基地，配套建起了近万平方米的瓜菜批发市场，西瓜、西红柿、西葫芦、大姜、绿芦笋成为中国绿色食品发展中心认定的 A 级绿色食品，统一注册了“陵阳河”牌商标，产品远销国内外。全村年工农业总产值突破 30 亿元，集体经济收入超过 2 000 万元，农民人均纯收入达到 25 600 元。

与中国社会科学院考古研究所合作建立陵阳河遗址博物馆暨鲁东南考古研究中心，为陵阳街村的经济社会发展再上新台阶，为发展旅游业提升了档次。博物馆共设 4 个展厅，分别是山东古代文明展厅、陵阳河大汶口文化展厅、龙山文化展厅和专家学者研究观摩厅，通过这些展览可充分展示陵阳河大汶口文化在古代文明起源中的历史地位，使观众对中华传统文化的源头有更深刻的了解。陵阳河遗址博物馆的建设为传统文化的传播起到了重要的作用。

桂花是莒县最具代表性的传统花卉品种，种植历史久、品种全、文化内涵丰富。陵阳街村拥有悠久的桂花种植历史，2005 年首次举办桂花节，到目前已举办过 4 届。2014 年国庆期间举办“2014 中国陵阳桂花节”，活动规模大、档次高、参观人数多、成交量大。有 4 个省市的 100 多家客户送展 1 200 余件，所展出的桂花中，树龄达百年以上的老桂花 100 多株，此次活动代表了中国北方桂花的最高水平，吸引 10 多个省市、10 万多人次前来参观。桂花节带动了桂花交易，节会期间仅桂花销售就过 2 000 万元，同时带动农家乐的发展，40 多家农家乐仅餐饮营业额就超过百万，陵阳街，一个文明起源的地方，一个尽享现代文明的地方，在这里，可同时感受都市文明和乡村风情，体验都市里的舒适、乡村中的自然。

河南省舞钢市
张庄村

村庄资讯

地理位置或行车路线

位于河南省舞钢市尹集镇西3公里，与舞钢市城区隔水相望，紧邻九头崖风景区和石漫滩水利风景区。

最佳休闲时间

4～10月

张庄村位于河南省舞钢市尹集镇西3公里，与舞钢市城区隔水相望，紧邻九头崖风景区和石漫滩水利风景区，全村共有8个村民组，9个自然村，1 015人，耕地642亩。

这里依山傍水，环境优美，空气清新，是人们理想的休闲旅游目的地。这里盛产的山野菜经加工后销往全国各地。黄鳝、泥鳅、草鱼、花鲢等水产品肉嫩鲜美，山泉水石磨豆腐、土灶柴火炖土鸡是农家餐桌上的美味佳肴。

张庄村立足本村资源，依托处在龙凤湖旅游度假区的区位优势，创新发展模式，定位为“吃农家饭、享农家乐”为主的旅游服务业和林果种植采摘、休闲农业观光项目；将部分房屋设计成“农家乐”，成立“农家乐”协会，定期组织专业培训，张庄村现拥有“农家乐”60余家，农家宾馆10余家，旅游服务业已成为张庄的主导产业，农户收入大幅增加，年人均收入达到1.4万元。张庄村2010年被河南省旅游局确定为“百村万户”旅游富民工程特色村，2011年被河南省旅游局评为全省十大乡村游重点推介

线路之一，2012 年荣获河南省文明村，2013 年被河南省旅游局评为河南省“我想去旅游——美丽乡村游”5 个精品示范村之一，2014 年入选中国最美乡村名单。

张庄社区建设之初，尹集镇党委、政府就把中心区乡村游定位为“吃农家饭、享农家乐”，建成一座拥有千亩金田的农业生态观光园，并逐渐向以观光、考察、学习、参与、康体、休闲、度假、娱乐等为一体的综合型方向发展。

发展旅游的终极目的是造福一方，富民强镇。张庄村按照增强乡村旅游的文化内涵，保持本色，突出特色，政府主导，联合经营，共树品牌的指导思想，着力做到两个结合：乡村旅游开发与小城镇建设相结合、与资源保护和打造个性相结合。同时，加强对农民的培训和引导工作，激发农民办

旅游的积极性，提高农民办旅游的能力，努力开拓乡村旅游的本土特色，继续致力于农副产品深加工和旅游纪念品的设计与开发，不断提高旅游服务水平，增加旅游收益，使广大农民真正受益，走出一条可持续发展的休闲农业与乡村旅游之路。

湖北省钟祥市
彭墩村

村庄资讯

地理位置或行车路线

位于湖北省钟祥市西端，与荆门市中心城区东郊接壤，是一个偏远的丘陵地区。

最佳休闲时间

4～10月

彭墩村位于湖北钟祥市西南的丘陵地区，与荆门市交界（距荆门市区15公里），面积10.5平方公里，全村9个村民小组，320户，1 159人，耕地9 511亩，林地377亩，水面2 700亩。自2003年起，彭墩村与湖北青龙湖农业发展有限公司实行村企结对、产业联姻，走村企共建共赢共同发展之路，以农业种植、养殖为基础，着力打造现代休闲农业，发展乡村旅游产业，极大地推动了彭墩经济快速发展。先后获得“全国休闲农业与乡村旅游示范点”、“全国生态文化村”、“全国先进基层党组织”、“湖北省文明村”、“湖北省新农村建设示范村”等称号。2011年3月潇湘电影制片厂以彭墩为背景，拍摄了故事片《桃花红、梨花白》，反映了彭墩新农村建设的辉煌成果。在全国上映后，收到了很好的宣传效果。同年，彭墩村被评定为国家AAA级旅游景区。

目前，彭墩村主要观光项目有村容村貌、农民住宅小区、现代农业产业基地、农民公园、彭墩文化广场、彭墩文化艺术中心、农耕文化博览园、购物一条街等八大项目数十个景点。备有彭墩八宝、彭墩蔬菜等特产及纪念品供游客选购。

随着彭墩村旅游业的迅速发展，景区的服务设施也在不断完善，目前拥有建筑面积1 000平方米的游客接待中心、容纳600人的彭墩文化艺术中心、购物一条街、百户农家乐，还拥有占地35 000平方米的彭墩花园酒店（湖北省彭墩新农村干部培训示范基地），可同时容纳248人住宿，最具水乡特色的梦江南生态餐厅，可同时容纳600人就餐。餐厅自然环境优越：背靠天然林区，面对碧水蓝波，左有田园风光，右有通往东西南北的水泥大道，门前水上走廊曲折有度，在水中亭台楼阁间自由伸展，水下多种观赏鱼在水生花卉中欢快游戈。

彭墩“乡村世界”的主要特色是：农村中的城市，城市中的农村，田园中的公园，公园中的田园；湖中亭台楼阁，林中小桥流水，自然景观独具风格，人文景观惟妙惟肖。

湖南省平江县 茅田村

村庄资讯

地理位置或行车路线

位于湖南省岳阳市平江县安定镇，距离长沙机场约45分钟路程，距长沙高铁站约60分钟路程，距岳阳高铁约2小时路程，交通便利。

最佳休闲时间

4～11月

茅田村地处平南边陲， 由三只自然垅构成。南与浏阳市、东与福寿镇毗邻。村域面积15平方公里。全村31个村民组，耕地总面积2 902亩。石岩颇多，属丹霞地貌。水田主要生产稻谷、玉米等，沙土适合种花生、红茴、油菜、大豆等当年受益的经济作物，更适合于油茶、茶叶和水果等常年生产植物。阳光充足，雨量充沛。山上主要树木有松、竹、杉、樟、枫以及长青灌木等。全村有小型水库3座，山塘87口，蓄水面积约为105亩，山溪流长总约为30余公里。山环水，水绕山。良田美池，阡陌交通。小桥流水人家，星罗棋布于其间。

幽雅神秘的“天成石龙岩古寺”，洞深20余米，冬暖夏凉。内有清泉，四季缓缓流淌不息。在天成寺的周边还有许多天然石洞，如智公岩、鹰咀岩、蝌石岩、猴岩等，形态各异，幽僻清静。著名的“龙潭”，深不见底，常年流水潺潺，游鱼穿梭。三面悬岩峭壁，甚是险峻。距此不足一里的穿岩寨更是神奇别致，位居高出地面约有100米的石山中间，有一洞从中穿过。整个山就像一座横跨江上的大拱桥，雄伟壮丽。洞宽约有 20 米，高 20 多米，长 15 米有余，故名穿岩寨。整个山头的三面都是高约四五十米的悬岩陡壁，唯有一条长一百多米从石岩上凿开的石级小路直达山顶。山顶有 1 000 多平方米，非常平坦。山上还有一口人工凿成的 2 平方米左右的水井，长期涓涓泉水涌出。站在山顶，山下风景尽收眼底。

古时这里曾是兵家必争之地，因此被称为平江 48 寨之首寨。传说八仙中的张果老云游至此，在此歇息，见这里风光秀丽，大为感叹，觉得应该给后人留些纪念，于是一伞把戳穿了石头，并落到浏阳那边的大河当中。尧品元年（因石刻模糊，尚不知是哪个朝代），本县士人苏维斗便将这个故事刻在石壁上，至今依稀可辨，诗道曰：

自入深山里，往来无别知。衹馀霞尔祉，聊可借寨池。

岩石之岗，古树苍苍。岩石之前，白云连天。

岩石之曲，聊可借宿。岩石之丘，樵星牧牛。

岩石之巅，仙乐其间。

这就是今天有名的“借霞处”。

与穿岩寨遥遥相对的是“七仙殿”，七仙殿是一座古老的小庙，供奉着七仙圣母神像，这里山峰险峻，风光迷人。内中泉水不断。盛名已久的“天子屋场”前有笔架山，后有来龙山，下有“龟蛇”二山把关。山环水绕，美丽奇特。

……

这里山奇、水奇、岩奇、人亦奇。空气清新，树木簇绿，古树参天。闲静清雅，风淳朴俗。一方水土，养育成人。钟灵毓秀，鸟语花香。油林遍野，红茶飘香。猪鸡栏内叫，牛羊满山跑；水果满枝头，鱼儿塘里跳。红薯满山坡，庄稼压弯腰。民族风俗独异，典型的地方语言保留了秦朝古音，优雅豪爽。民间习俗乡味浓郁。山歌喧天，灯戏连台。皮影戏隔三差五，琴笛声月夜飘逸。冬天夜晚，男人们围着炉火吹拉弹唱，饮酒划拳。女人们纺纱捻麻，纳鞋绣花；每到动听之处，也插上两句，逗得大伙捧腹大笑。夏天月下，大人们围坐一起，摇着蒲扇，天南地北，漫无际涯。小孩们则是捕虫嬉戏，或是听大人们亲口传授那美丽的童谣："月亮光，照四方；四方暗，照下塌；捡条鲤鱼八斤半……"慢慢进入那甜美的梦乡。春节期间，舞狮、闹花灯、耍春牛、玩草龙……，好不热闹。融新潮流和古文化于一体，是大自然赋予人类的又一世外桃源。

湖南省长沙市望城区
桐林坳村

村庄资讯

地理位置或行车路线

位于长沙市望城区中部，湘江西侧，南与长沙市岳麓区接壤，北与城区紧连，境内雷锋大道、雷高公路、许龙线南北贯通，长常高速、绕城高速连接东西。为黄金镇政府所在地。

最佳休闲时间

4～11月

桐林坳村位于湖南省长沙市望城区金山桥街道办事处，雷高公路、黄金大道、马桥河大道贯穿其中，交通便利。是2004年由原金元村、杨塘村、桐林村三村合并而成，现有人口4 218人，面积8.7平方公里，辖40个居民组。2013年，在街道“建设美丽金山桥”的号召下开始打造“最美庭院”特色民居，并取得了显著的成效，获得“市级节能环保两型社区”、“市级文明社区”等荣誉。

一、自主管理

一是民主选举挑骨干。全体居民民主公开推选组长，成立组委会。二是民主决策定方向。大事小事，商量着办。先制订初步方案，提交组委会通过，由全体组民大会表决生效。三是民主理财讲诚信。组账由村代管，执行备用金报账制，每张票据都有经手人、证明人、属实人，做到专款专用。四是民主监督显公正。组委会成员既分工协作，又相互监督，设立组务公示栏，各项收支、评比结果等大小事务，及时公开透明。

二、自主建设

社区居民爱美，倡导自然美、生态美、整洁美、朴实美、和谐美，自发筹资筹劳，花小钱，办大事。一是制定美丽创建标准。骨干带头，因地制宜，提出了建设风景秀美、环境优美、房舍精美、人心和美、生活甜美的“五美”村落。二是自发筹资筹劳。不等不靠，家家户户出钱、出力、出物。三是启动“清污、治乱、添绿、亮彩”工程。清污，“门前三包”清理白色垃圾，力推分类减量；建设三级化粪池、沼气池和排水沟，净化污水；种荷花、睡莲、水芭蕉，治理山塘。治乱，室内摆放有序，室外堆码整齐，以竹篱笆围园，规范标准菜地。添绿，栽花种果树，以草花为主，鲜花相辅，广植树，不露黄，实现杨柳依依、花香果甜。亮彩，银孔围组还依托本土资源，突出“竹乡”文化，自主创新发展。

三、自主服务

一是邻里互助见长效。组建百姓城管理志愿者中队，每个志愿者都联系一户居民，通过示范带动，手把手帮扶，创建最美庭院。二是垃圾分类减量有实招。首创“锦上添花”式分类竹屋，让垃圾桶变成庭院的一道风景，有专人定时上门回收处置垃圾。三是最美庭院评比有活力。根据庭院布局合理、栽花种树相宜、杂物摆放整齐、室内环境舒适、周边清洁有序、家庭温馨和谐六大要素制定最美庭院评比标准，成立评选委员会，邀请社区干部监督，按季度评选，统一排名公示，严格执行摘牌退出机制。这一举措极大地激发了群众的干劲。桐林坳村，实现了由政府主导到政府引导，由群众参与到群众自觉的转变，绽放着绚丽芳香的生态、民主、文明之花。

广东省广州市白云区
寮采村

村庄资讯

地理位置或行车路线

广州市区乘坐地铁3号线→人和站C出口乘公交793→寮采广州市区走京珠高速→花山出口→向花都方向走6公里→钟落潭路口左转弯直行。

最佳休闲时间

全年

寮采村位于广东省广州市白云区的北面，钟落潭镇的西面，与花都隔流溪河相望，全村常住人口5 380人，全村耕地4 700亩，全村70%的耕地用作水果种植，村民的收入主要以种养业为主。

2008年，村两委新班子上任后，经过充分的调研达成一致意见：要想发展集体经济，带领农民致富只有充分发挥自身优势，走发展休闲农业、乡村旅游之路。结合村内鱼塘成片、果树成林、空气清新、村庄宁静、环境优美，十分适宜休闲度假及“依山傍水”的特殊地理优势，同时充分利用白云区建设绿道驿站的契机，以及借鉴顺德、清远和三水发展“农家乐”生态旅游的成功经验，经过全村党员大会、村民代表大会和村民表决，同意成立寮采村绿韵农家乐农民专业合作社，并以合作社的名义投资兴建世外桃源休闲度假村这一农家乐项目。

世外桃源休闲度假村充分依托绿道建设的优势，建成为集美食、住宿、健身、休闲于一体的、以岭南新农村生态旅游为主题的“农家乐”。突出人与自然、人与文化的互动式体验，以全新的景观营造理念，演绎成现代都市的一首田园牧歌，创造面向未来的新农村生态观光旅游模式。

世外桃源休闲度假村分为多个不同的活动区域：亲植、亲耕体验区，农产品展销区，农具展览区，鲜花参观区，水果品尝世界，笨猪赛跑区，人鸽亲情广场，水上世界，羽毛球场，乒乓球场，网球场等，各区之间以绿道连接。合作社致力于将“农家乐”打造成环境一流、服务一流、设施齐全的生态旅游景点，以淳朴的民风，周到的服务吸引众多的游客来此观光。

在度假村内，水洁、土净、空气清新，花果绕村争香斗艳，树木成林鸟语花香，漫步绿荫碧水之间，偶尔可闻鸡鸣狗吠之声，使人感受到与自然亲密接触的惬意。在绿道寮采驿站品尝农家饭菜，住农家别墅，幽静舒适，远离喧嚣，田园踏青、绿道慢骑、池边垂钓，林间花草镶嵌，花园、绿地、篮球场、网球场、足球场，为游人休闲、观光、

减压、吸氧、娱乐、健身提供理想的场所。

目前，度假村已开放的项目有美食街、游泳场、水上乐园、单车游等，2012年收入达1 300万元，平均每股分红达0.42元。

绿韵农家乐农民专业合作社自成立以来，得到了各级政府的大力支持，使合作社得以健康发展。为带动农民增收走出了一条新的路子，为加快推进“美丽乡村”建设做出贡献。

海南省海口市琼山区
田心村

村庄资讯

地理位置或行车路线

海口南站乘坐海口至大坡专线车或沿 223 国道行驶至 54.3 公里处右进 3 公里至田心村。

最佳休闲时间

全年，4～10 月鹭鸟较多、荷花盛开

田心村位于海南省海口市琼山区大坡镇，有海口“鹭鸟天堂”的美誉，地处海榆东线 223 国道旁，距海口市区 53 公里，交通便利，属海口一小时经济圈内。田心村因四周田园环绕而得名，东、南、西三面是一望无际的水田，北面与千亩水库（昌白水库）、万亩胶林相依，具有浓烈的海南乡村风貌。

1978 年 4 月的一天，村里的老中医陈绵纪从田里捡回一只受伤的白鹭，采来草药给它包扎治疗，还买回小鱼精心喂养。两个月后白鹭伤愈，陈老先生才放它飞回鸟群。不料几天后，村里的小树林里就飞来了 6 对白鹭，它们在树林里筑巢安家。

在老中医的带动下，村民们纷纷加入爱鸟护鸟的行列，自觉到树林里巡视，村民们的爱鸟护鸟行为，让白鹭鸟有了安全感，从此田心村成了白鹭的天堂。每年 3、4 月，春暖花开时，一群群的白鹭全都飞回村里的树顶上筑巢安家繁衍后代。年复一年，一年比一年多，初步估计有 7 000 多只白鹭。白天，白鹭四处觅食，到了黄昏，成百

上千的白鹭像飞云柳絮般缓缓掠过田野和房舍，在村头树梢盘旋，蔚为壮观。

2007年，在海口市琼山区、大坡镇两级政府的大力支持下，全村掀起文明生态村建设的热潮。经过几年的奋斗，田心村已初步达到“生产发展，生活宽裕，乡风文明，村容整齐，管理民主”的社会主义新农村要求，成为海口市著名的文明生态村。

为谋求更大的发展，田心村村民决心改变传统农业模式，全力发展有机种植业和有机养殖业，积极开展“农家游”活动，走多元化的集体富裕道路。2009年底，成立了“海口田心乐生态农业专业合作社”。合作社成立以来，以最大限度保护农民权益为宗旨，对土地流转方式展开了积极探索和大胆的实践，创造了“保底分红”的土地流转方式，共实现土地流转388亩，用于“田心生态农庄”项目的建设。

合作社成立以来，已投入使用开发资金3 960万元，主要用于建设“田心生态农庄”。共打造十二个景观，即：生机勃勃的鹭鸟天堂、怡然自得的田园风光、乐趣新奇的水上乐园、百果争翠的四季果园、陶醉迷人的荷塘月色、流连忘返的胶林晨曲、瓜香四溢的绿色长廊、千姿百态的生态农居、健康长寿的绿色餐饮、环保可口的有机蔬、六畜兴旺的有机养殖、百鸟争鸣的飞禽世界。拟把“田心生态农庄”建设成为集生态旅游、长寿餐饮、健康娱乐、商务会议、科普教育为一体的生态休闲胜地。

经过几年的努力，“田心生态农庄”已拥有同时500多人用餐的农家餐厅，4栋联排别墅，17栋标准客房，6间风情小木屋，100亩高档大棚和200亩常年露天有机瓜菜基地，年出栏5万只“田心跑地鸡”和年出栏万头猪的养殖场。现在的田心生态农庄，不仅能让客人有吃有住，还能让您尽情享受漫步林中小道、欣赏田野风光、观看鹭鸟翱翔、目睹百荷争艳的乡村风情。

自田心生态农庄项目投入建设以来，解决了全村剩余劳动力的就业问题，农民收入由过去单一的农产品收入，变成多种收入并举，2013年农民人均收入达32 500元。

合作社成立以来，全村的科技文化事业得于高速发展。过去全村没有一台电脑、没有一部有线电话，移动电话的信号极差，闭路电视台少信号差。如今，光纤进了村，移动电话的基站就装在村里的水塔上，家家户户都装上了电话；闭路电视可收几十个台；全村现在家家户户有电脑、人人都会用电脑。

2010 年合作社被海南省农业厅评为“海南省农民专业合作社示范社”。2011 年被海南省农业厅授予“海南省 2010 年度优秀农民专业合作社”和“海南省休闲农业示范点”。2012 年 1 月被评为“海南省 2011 年度优秀农民专业合作社先进单位”。2013 年被评为“全国休闲农业与乡村旅游星级示范创建四星级企业”。

重庆市璧山区

天池村

村庄资讯

地理位置或行车路线

地处缙云山山脉金剑山，东临重庆市沙坪坝区，紧挨璧山主城，距离重庆大学城3.7公里。离重庆外环高速公路出口、1号线地铁口不到5公里，交通方便快捷。

最佳休闲时间

全年

一、天池村概况

天池村位于重庆璧山区璧城街道办事处，地处缙云山山脉金剑山，东临重庆主城核心区沙坪坝区，紧邻璧山主城，距离重庆大学城3.7公里，只需10分钟的车程，区位优势明显。周边有快速的交通网络，离重庆外环高速公路出口、1号线地铁口不到5公里，交通方便快捷，是重庆主城区和璧山区居民郊区短期休闲度假的理想目的地。

天池村面积超过5平方公里，全村人口只有800人。全村海拔600米左右，森林覆盖率高达60%以上，是璧山的“肺叶”。村里拥有面积超过110亩的天然湖泊水天池，有建于南宋的龙桂寺，更有众多等待开发的天然溶洞。

天池村属亚热带季风湿润气候区，四季分明，气候温和，光照充足，雨量充沛，年平均降水量为1 611.8毫米，年平均蒸发量777.1毫米。全村年平均气温13.6℃。降水多集中在3～6月，尤其是5～6月。地貌为喀斯特岩溶槽地貌，夏季气候凉爽，比市区气温低7℃左右，是天然的避暑胜地。冬季，偶尔会有大雪降临，一派北国风光景象。清晨，云绕山间，胜似仙境。山间空气清新，每立方厘米空气富氧离子含量高达 1 万多个，是紧靠主城的天然氧吧。

二、资源优势

“山中寻旧梦，云外见渔樵；烟乡闻鸡犬，农舍遇故人；疏篱花圃下，春水秋月间；果蔬四季新，浮生半月闲。”是天池村的真实写照。原不发达的交通，封闭的地形，使得传统村落形态保留较为完整。入村山路曲折蜿蜒，颇有峰回路转之意趣。在村口放眼一望，山间小山村散落山脚，中间是大片水域和田畴。走进村落，鸡犬相闻，炊烟袅袅，农民耕作田间，彰显温馨的田园牧歌般图景。四合院及四处分散的居民点诠释了村落的变迁轨迹。

天池村原生态资源环境保护良好，那里湖水碧绿，风景秀丽，乡村文化浓郁，村容村貌独特，集古朴民风和天池景致为一体，近年来农家休闲旅游业迅速发展，更是推动了农村经济的繁荣发展。每年夏天前来踏青的人群多达上万人。

区内林地资源丰富，林地覆盖率约占项目用地的 70%。有杉树、松柏、楠竹、金桂树、梨树以及地被植物和藤蔓植物，种类达几百种。其中，不乏几百年历史的古树。林地资源丰富，是理想的森林生态旅游地。

美丽乡村建设，以科学发展观为统领，以“绿色城镇、美丽乡村”为主题，以“组织建设好、产业精美、生态优美、村庄秀美、乡风和美、生活甜美”为目标，努力建设“村村美丽、家家富裕、处处和谐、人人幸福”的美好家园。同时结合重庆市美丽乡村规划标准，按照的总体目标，坚持“好住、好看、好吃、好玩、好购”的“五好”建设标准，实现宜居、宜业、宜游的“三宜”品质。目前，按照国家及重庆市的相关要求，美丽乡村规划方案已经完成。

在美丽乡村规划中，紧紧围绕天池村“璧甸山乡”的优势资源，一方面以传统村落形态、传统乡村建筑、民俗文化等做强乡村旅游；另一方面，发挥天池村作为山乡生态的资源优势，生产生态产品和生态服务，大力发展乡村旅游及林下经济。

在美丽乡村建设中，坚持从实际出发，充分尊重人民群众意愿，既坚持做好规划，循序渐进，又注意保持当地特色，防止大拆大建，劳民伤财。例如，注重培养农民的自主意识，引导美丽乡村建设逐步完成从“政府引导”到“农民自主管理”的转变，并鼓励农民积极参与美丽乡村建设的事务管理及村规民约的制定，让文明的乡风吹遍田间地头。

按照“政府补助、部门扶助、社会赞助、农民自助”的思路，建立多元化投入机制。区财政计划对美丽乡村投入建设，同时，要求市、区及街道按照一定比例配套安排专项资金用于美丽乡村示范点建设。

通过政府融资，农民参与，按照美丽乡村农民聚居点的相关建设标准，巴渝新居已建成并投入使用，村民已入住新房，相关配套设施在进一步完善中，主要包括公共文化中心项目、公共广场项目、新村养老院等项目。

实施“点线面”攻坚计划，整治村域环境；建设完成了天池村“璧甸山乡”与大学城人口密集区之间的进入通道，完成主干道的拓宽改造工程，院落便道及生产便道路网已经形成，排水渠、截水沟、电力、自来水等改造项目也已完成，其他基础设施正在进一步完善中。

美丽乡村的建设，其核心内容之一就是要保护和传承乡村文化的精髓，在美丽乡村建设规划中把乡村形态、建筑、民俗文化等列为重要的旅游资源进行保护建设。通过天池村“璧甸山乡”美丽乡村建设，既改善了农民的居住环境，通过产业发展也带动了当地农民就业和增收。同时，既改善了落后的农村面貌，也对山乡村落文化加以保护。

四川省武胜县 庐山村

村庄资讯

地理位置或行车路线

武胜县沿口镇—白坪乡新农村示范区—飞龙镇庐山村。

最佳休闲时间

2～6月，9～12月

庐山村位于四川省武胜县飞龙镇，共辖13个村民组，748户，2 311人，村域面积2 161亩。近年来，通过政府扶持、社会融资、村民入股等多种方式，加大资金投入，着力发展特色产业，大力实施新村建设，深度挖掘历史文化底蕴，村容村貌焕然一新。2014年荣获中央电视台2013年度“中国十大最美乡村”提名，2014年被农业部认定为“中国最美休闲乡村”。

一、建设成效及特色

1. 特色产业突出 全村建有标准化的甜橙基地200亩，苗木花卉基地600亩，优质水稻生产基地200亩。特色产业已成为庐山村的支柱产业。同时，在基地内建设了柑橘博览园、菊花博览园、婚纱摄影基地、柑橘及蔬菜采摘基地等多个功能园区。为休闲农业的持续发展奠定了坚实的产业基础。

2. 生态环境优美 各种植基地集中成片，在较好地保留原生态的前提下按照各作物的需求进行了沟渠塘路配套，稻田蛙声、荷塘月色、垂柳倒映、池塘碧水、曲径通幽、绿岛花海等自然景色相映成趣。同时，对自然村落进行就升级改造和风貌塑造，各种生活设施一应俱全。一个干净、整洁、靓丽的新庐山村脱颖而出。

3. 文化底蕴深厚　张家院子始建于清光绪末年，至今已有100多年历史。通过改造升级，张家院子既保留传统民俗生活的影子，又有浓郁的现代生活气息。飞龙镇是中国竹丝画帘之乡，而张家院子则是飞龙镇竹丝画帘的发源地。目前庐山村有以竹丝画帘为主题的竹丝画帘休闲广场和竹丝画帘展览馆，祖传工艺得以有效传承。2014年，竹丝画帘荣获“第二届全国休闲农业创意精品展金奖”。

二、主要工作措施

1. 抓好产业培育　庐山村作为武胜县现代农业园区核心，按照当地的气候土壤条件，建成了甜橙、蔬菜、花卉苗木、优质水稻等四大种植基地，2013年，特色产业总收入达到922万元。比传统种植业人均增收1 500元以上。

2. 抓好环境整治　按照“生产发展、生活宽裕、乡风文明、村容整洁、管理民主”新农村建设要求，大力整治村容村貌，改造升级农家院落，对农户实施风貌塑造。

3. **抓好基础配套** 全村建有乡村公路 10 公里，便民路 18 公里，基本实现了村级公路到社，便民路入户。

4. **抓好文化建设** 借助社会力量，办起了村文化阅读室，使村民在闲暇之余学习科技种田技术，增加社会阅历；加强对村民社会主义新风尚教育，提高村民的文化素质；同时，举办竹丝画帘学习班，招收有兴趣的村民学习竹丝画帘生产技术，为竹丝画帘发展与传承储备力量。

5. **抓好乡村旅游** 通过产业升级，美化村容村貌，恬静的田园风光、优美的乡村院落，良好的生态环境吸引了周边居民到庐山村休闲观光。初步统计，仅 2014 年，乡村旅游收入达到 800 万元，乡村旅游已成为庐山村继特色产业后又一大支柱产业。

狮山村

村庄资讯

地理位置或行车路线
昆明—武定—狮山村。

最佳休闲时间
2～6月

一、狮山村概况

狮山村位于有“中国八小佛教名山”和“西南第一山”之称的国家AAAA级风景名胜区云南省武定县狮子山南部腹地，距武定县城7公里，面积13.6平方公里，海拔2 390米，年平均气温19℃。狮山村现有耕地1 194亩，林地12 787亩，森林覆盖率达95%。全村委会由一个自然村组成，辖9个村民小组，有289户，人口1 255人。狮山村主要有旅游（以观音洞景区、27家农家乐为主）、蔬菜种植（以山药为主）以及得天独厚的旅游资源和丰富的矿泉水资源三大经济支柱产业。2013年，狮山村农村经济总收入1 650万元，农民人均纯收入8 500元，村集体经济收入160万元。

狮山村系罗婺故地。南诏时期，共设三十七个部落，其中武定属罗婺部落，以彝族头人为首领。至明朝、正德、嘉靖年间，为兴盛时期，时雄冠三十七部之首，聚集着十八个民族。在1 000多年的历史长河中，由于多民族的文化交融发展，积淀了多元化的、极具民族色彩的罗婺文化，以及灿烂的民间文化。距今700多年历史的“正续禅寺”

被认为是滇西佛教圣地。村庄坐西向东，三山环抱、古树栖云、松涛阵阵，在万亩长青屹立的天然林中，有杜鹃花、马缨花、山茶花，几十种野生动物，百种中草药以及稀有植被，满山的奇花异草，是发展乡村休闲旅游的丰富资源。

目前，狮山村修复了成立于明朝时期的狮山书院，打造国学教育基地；报修了700多年前的古村文化遗产、观音洞、观音寺、孔府殿、财神庙、山神庙；挖掘整理本村的优秀地域文化、墓源文化、民间特色的人文景观和古院，结合儒家的思想和道家的教育礼致，以及佛教文化的底蕴，打造狮山村文化新村的长期性平台。

二、成功经验、做法与取得成效

2013年，结合农业部“美丽乡村”项目要求，共计投资130多万元，建盖村级牌坊一座、修建4个村级活动亭台、继续完善引洪沟工程、自来水改造工程、安置狮山村回头弯至村委会的路灯、实施村道路两旁景观美化项目；加强维护村级生态文明和环境卫生，修缮村委会食堂；进一步优化办公环境及村内公共环境。

1. 产业发展强基础 ①完善人畜饮水工程。按照“美丽乡村”建设标准，改造村自来水管道；架设引洪沟管道，充分利用狮山村坝塘水资源，确保春耕农事有充足的灌溉水。②扩大集体经营。落实红色信贷，实施“三红”惠民工程发展壮大集体经济，增加农民致富渠道。③创新经营模式。成立狮山村综合开发服务部，发展建成6家股份制农家乐旅游企业，进一步壮大村委会集体经济实力。

2. 生活舒适得实惠 一是改善居住。二是村容整治。三是生态保护。通过开展“中国最美休闲乡村”创建活动，狮山村夯实经济发展基础，促进农民增收，村民迈向生活宽裕、精神愉悦的小康生活。

3. 民生和谐促发展　一是完善规章。村委会在民主管村上推行公益事业建设“一事一议”被国家司法部、民政部授予“全国民主法治示范村”。二是依法治村。健全村组两级民事纠纷调解组织，及时调处各种社会矛盾，规范村民行为。被云南省公安厅授予“毒品预防教育示范村”。三是教育为先。保证适龄儿童入学率达到100%。四是老有所依。村集体出资，每年为村民购买农村合作医疗和大病保险；对因灾、因病导致经济困难的家庭实行扶贫济困。

狮山村委会于2008年被中组部授予“全国先进党组织”；2009年被中央文明办授予“第四批全国文明创建先进村镇”；2011年被授予全国妇女基层组织建设示范村；2011年被中央精神文明办评为国家级全国“文明村”；2013年被农业部确定为全国“美丽乡村”创建试点乡村。

贵州省安顺市西秀区 桃子村

村庄资讯

地理位置或行车路线
自贵州省安顺市东客运车站乘坐龙宫专线车在桃子村下。

最佳休闲时间
3～11月

一、桃子村概况

桃子村距贵州省龙宫风景区1.5公里，旅游公路穿村而过。全村有284户，1 210人，耕地面积3 100亩，主要有汉族及布依族，辖桃子、下板两个自然村；全村现有精品果园1 000亩，主要种植黄花梨、桃子、枇杷及金刺梨；精品茶园200亩；农家旅馆26户。

农民收入主要依靠产业种植及外出务工，70%的农户依靠产业种植（茶叶、水果及蔬菜种植），30%的农户依靠外出务工，全村农民人均纯收入已经达6 500元；有一个农民种植专业合作社，主要负责产业种植及销售工作。

二、产业结构

桃子村依托国家AAAAA级景区的地理区位优势，积极开展农业产业结构调整及农家旅馆建设。目前，已经规划调整农业产业结构2 800亩，其中的500亩已经完成金刺梨种植；1 500亩通过成立的桃子村农民专业合作社流转了土地，连片种植番茄、茄子、豇豆、辣椒及白菜等；

800亩精品桃园种植已经完成土地开发；农家旅馆建成8户投入运行，在建的18户。产业结构调整的实施及农家旅馆的投入运行，既助推了农户增收、旅游文化的宣传，也通过与游客的交流提升了村民文化素质，使村民之间邻里和睦、团结友爱。特别是助推了农村经济发展，使农民人均收入从2013年的5 155元提升到现在7 100元，为实现小康社会起到积极推动作用。

三、设施建设

生产、生活设施基本齐全，实施了致富路机耕道建设6.8公里；全村184户农户房屋外观全部整治完成；生活便民联户路2.6公里；生活服务爱心广场1 600平方米；一座生态污水处理系统；一座20 000平方米的山体休闲公园；房前屋后绿化种植面积3 120平方米；建设生态河堤2公里；园林绿化面积8 000平方米；生态停车场1 560平方米。

陕西省铜川市新区
陈坪村

村庄资讯

地理位置或行车路线

位于铜川市新区最南端，是新区城市的外延。南端接壤富平县，距西安市 67 公里，与 210 国道包茂高速相连，距咸阳国际机场 60 公里，交通便捷。

最佳休闲时间

4 ~ 10 月

陈坪村位于陕西省铜川市新区最南端，是新区城市的外延。南端接壤富平县，距西安市 67 公里，与 210 国道包茂高速相连，距咸阳国际机场 60 公里，交通便捷。流经铜川的赵氏河从陈坪村蜿蜒流过，为陈坪乃至铜川新区增添了一份难得的景致。

陈坪村共 715 户，2 865 人，6 个村民小组，耕地面积 5 500 亩。其中大樱桃栽植面积达到 4 500 亩，由于樱桃观光园区地理位置优越，气候、水肥条件好，海拔高，所产生的樱桃个大、色艳、品质上乘，已在渭北及至全国水果市场占有一席之地。

陈坪樱桃观光园区最美的季节应属樱桃花开的时候，是踏青赏花的绝佳时节。放眼望去，房前屋后，田野之中，百万株樱桃树绽放出满树繁花，构成一片花的海洋，绿油油的叶儿点缀在洁白的花海里。红色五月，就到了陈坪樱桃观光园区一年最美的收获季节，樱桃似玛瑙，满园游人笑。色艳味香的大樱桃挂满枝头，十里飘香，一派丰收的景象，与流经陈坪郁郁葱葱的赵氏河湿地，绵延的芦苇，

相映成趣，构成一幅幅秀美的田园风光图画。

2006年，陈坪村获得陕西省“一村一品”大粒樱桃示范村称号，投资建成3 000平方米的樱桃交易市场，建立了樱桃销售信息平台。2008年成立了陈坪村大樱桃专业合作社，引导果农科学化标准管理，细化果品等级，全力打造绿色大樱桃品牌。全村仅樱桃一项，农民收入即可达6 600多万元，人均收入2.3万元，樱桃产业已真正成为该村发展、农民致富的摇钱树。

2014年，为了进一步推动陈坪村樱桃产业的可持续发展，陈坪村精心打造集观光、休闲、养生为一体的“樱桃小镇”。极大地提升了陈坪村的服务档次和水平，让每一位来陈坪的游客全身心的投入大自然的享受中，体验美妙的乡村美景。

若你来这里，可领略一年四季富有特色的美景。春日，满园的樱桃花绽放，是踏青赏花的绝佳时节。放眼望去，房前屋后，田野之中，百万株樱桃树绽放出满树繁花，构成一片花的海洋，绿油油的叶儿点缀在洁白的花海里，置身其中，如在梦里。夏日，是陈坪村一年中最美的收获季节，樱桃似玛瑙，满园游人笑。色艳味香的大樱桃挂满枝头，十里飘香，一派丰收

的景象，郁郁葱葱的赵氏河湿地，绵延的芦苇，飘香的荷花，相映成趣，可垂钓，可采莲。秋日，漫山苹果、柿子红红火火的挂满枝头，一派忙碌景象，与这远山近水构成一幅迷人的图画。冬天到了，大地穿上了银装，可这并不影响鸟儿的嬉戏，这里就是鸟儿的乐园，随处可见它们觅食的身影，在陈坪村，四季都会呈现不一样的风光。

甘肃省临泽县
南台村

村庄资讯

地理位置或行车路线

自张掖乘坐至肃南、临泽的客车到丹霞景区。

最佳休闲时间

5～10月

一、南台村概况

南台村地处祁连山北麓，距临泽县城24公里，省道213公路（张肃公路）穿村而过。全村现有7个村民小组，428户，1 366人，耕地4 069亩，全村经济结构主要以玉米制种、特色林果种植、劳务输出和旅游服务业发展为主。境内有张掖丹霞国家地质公园七彩丹霞景区，近年来，在县委县政府的正确引导下，在旅游部门的帮助下，在乡党委、政府的大力支持下，南台村充分利用丹霞地貌地理位置优势，积极引导带动全村群众发展二三产业，努力增加农民收入。2013年全村农村经济总收入2 577万元，旅游收入达1 100万元，农民人均纯收入9 054元，成为全县以旅游带动经济的“专业村”。

二、发展优势

1. 优越的地理位置和生态环境是发展的先天条件 著名的丹霞地貌坐落于南台村西南3公里，地理位置得天独厚。南台村以“美丽乡村”建设为契机，将村庄绿化作为改善农村生态环境的一项重要工作，共绿化村庄1万多平方米，栽植云杉、榆叶梅、馒头柳、金叶榆、丁香等树木 3 500 余株，万寿菊、鸡冠花、喇叭花等花卉 4 000 余株。

2. 完善的基础设施是发展的基础 村“两委”在大力实施产业富民工程，促进农民收入增加的同时，大力改善全村生产生活基础条件。修建和硬化道路 3.5 公里。全村清洁能源普及率达到 80%，“一池三改”率达到 90%；数字电视、程控电话、自来水入户率达到 100%，群众生产生活条件得到进一步改善。

3. 新型农民的培育是发展的助推剂 把推进“乡土人才”战略作为新农村建设和破解“三农”问题的第一要务来抓，抓基础、抓服务、抓运用，全力提升基层人才工作水平。积极引导致富带头人、种养大户、农民技术指导员等“土专家”和“田秀才”让他们在发展农村经济和带领群众致富奔小康过程中发挥示范带头作用，引领农村经济快速发展。

4. 特色产业的壮大是发展的独特优势 依托张掖七彩丹霞旅游景区资源优势，充分发挥丹霞景区的辐射引领作用，调整产业结构，转变经济发展方式，拓宽农民增收渠道。开发以七彩丹霞为主题的奇石、根雕、刺绣、雕刻葫芦、明信片等旅游纪念品及“实用、美观、经济、环保”的临泽小枣等地方特色小商品。

5. 淳朴的民风是发展的精神基石 把道德实践活动与精神文明创建活动有机结合，进一步提高群众的思想道德素质。

6. 班子精诚团结是发展的组织保障 南台村村“两委”班子配备齐全，工作经验丰富，整体素质比较高，具有较强的工作推动能力，对全村重大事项严格按照“四议两公开”工作程序执行。实现了村务管理规范、村务监督规范和便民服务规范的目标，受到了群众的一致好评。

青海省互助县 高羌村

村庄资讯

地理位置或行车路线

位于青海省互助县南，距互助县威远镇7公里，西宁市23公里，交通便利。

最佳休闲时间

5～10月

高羌村位于青海省互助县南边，距互助县城威远镇7公里，西宁市23公里，交通便利。全村共有10个社，347户，1 401人。水浇地面积1 316亩，退耕还林地2 497.2亩。自2008年以来，高羌村大力发展设施农业，截至目前，全村共建成新型节能温棚200栋，棚均年收入达2万～3万元，年产值达到760万元，设施农业已成为全村的支柱产业。2010年1月成立了高羌村蔬菜种植专业合作社，蔬菜产业逐步形成了以“专业合作社＋基地＋农户”的生产经营模式，所生产的上海青、空心菜、木耳菜、生菜等20多个品种的叶菜类蔬菜直接销往西宁市各大蔬菜市场。2012年建成4.6亩的蔬菜交易市场和800亩的树莓生产基地，现已成为全县具有较强影响力的设施农业和果品生产示范基地。

近几年，高羌村按照“一村一规划、一村一风格、一村一特色”原则，加强村级基础设施建设，改善农村生产生活条件，优化人居环境，达到农户院墙和大门统一改造、村道全部硬化、危房基本改造、村庄环境有效治理等目标，

村两委班子成员带领村党员干部带头拆除破旧房屋及棚圈、清理建筑垃圾、搬迁等工作。针对本村存在脏、乱、差的现象，成立了由党员组成的“卫生理事会”，协助村两委做好村容村貌治理工作，通过带头清扫村庄道路，清除路边杂草，清运生活垃圾，清理乱贴乱画等，为村民营造了清洁、舒适的生活环境。目前已建成村级综合服务中心楼一座，9.6亩的文化活动休闲广场一处，0.5亩的小型休闲广场两处等。近年来，被中央组织部评为“中国民俗文化村”，被青海省体委评为“青海省篮球之村”，2013年入选农业部“美丽乡村”创建试点乡村。

如今的高羌村面貌焕然一新，当年的土石路、土坯房不见了，取而代之的是宽敞洁净的硬化路、样式统一的围墙大门，家家户户是清一色的红瓦房，还有120多户人家建起了小洋楼。高标准的党员活动室、农家书屋以及村卫生室等也相继入驻，文化娱乐广场也成了村民日常健身、打球的好去处。

高羌村在党和国家富民政策的指引下，在各级政府的领导下，将继续做大做强温棚蔬菜和树莓种植规模，引育种植精细优质蔬菜，力争建成在全省具有一定影响力的高原特色设施农业基地和果品生产基地。同时大力推广露地蔬菜种植，使特色种植业成为引领全村经济发展的支柱产业。

新疆维吾尔自治区阜康市
花儿沟村

村庄资讯

地理位置或行车路线

自新疆维吾尔自治区阜康市乘车向西南方向20公里至民族风情园，再到花儿沟村。

最佳休闲时间

夏季：每年5～9月；冬季12月至翌年2月

一、花儿沟村概况

花儿沟村（原三工村）位于美丽的国家AAAAA级天山天池名胜风景区内，行政面积467平方公里，草场面积68.7万亩，分别由花儿村、阔克胡拉村、骏马村、蟠桃园、大平滩等五个自然村组成，其中：阔克胡拉村、骏马村、蟠桃园、大平滩位于天山天池黄金走廊三工河谷内，人口285户，957人，哈萨克族占全村人口的97%。天山天池在2012年被国家列为唯一一家申报世界级自然文化遗产地的区域。

花儿沟村休闲农业规划面积27平方公里，有天池、西小天池、东小天池三个高山内陆湖，水域总面积约4.2平方公里。自2005年阜康市实施三工河谷综合整治牧民定居以来开始建设，经过几年的发展，建设成效逐步显现，功能作用不断完善。2011年7月被新疆维吾尔自治区农业厅评为休闲农业重点建设示范点；2011年12月被农业部评为全国休闲农业示范点。

二、发展现状及远景规划

1. 规划建设情况　花儿沟村内高山与湖泊相互交错，

乡村水域、高山白雪、草原农田自然分布，形成典型的西部绿洲景观。依托独特的自然资源优势，花儿沟村着力发展高科技农业、开发系列观光、休闲农业、生态度假产品及商务休闲产品，将“低碳”理念融入每一个细节中，形成有别于其他景区的独特风光。

2. 以高新农业技术为引领，建好现代农业科技示范区　与新疆农学院果树研究所、新疆阜康高等职业中专签订产学研合作协议。利用大平滩 130 亩果园开展了多种苹果、草莓类种植示范工作。与新疆畜科院利用大茂养殖场开展了萨福克肉羊胚胎移植实验、小尾寒羊与萨福克杂交生产性能提升实验。这些农业科技项目的运用，为农牧民提供了有形的示范，提升了花儿沟村农业科技水平。

3. 以地理优势为依托，重点发展多元性休闲产业　花儿沟村在 2005 年实施三工河谷综合整治牧民搬迁定居以来，按照“宜农则农、宜牧则牧、宜游则游、宜商则商”的原则，有序的进行经济结构调整。对花儿沟的万亩人工喷灌饲草料基地进行整体打包流转，结合天池旅游通过招商引资，承接了新天国际滑雪场旅游经营项目，并已投入使用。将哈萨克传统美食，如奶圪垯、驼奶、马奶、熏马肉、风干肉等进行产业化生产，打造有机、绿色食品品牌。依托已形成的瑶池旅游专业合作社和天池丰富

的旅游资源，建设好阔克胡拉村、骏马村、花儿沟牧民新村，发展旅游服务业，使农村剩余劳动力向非农产业有序转移，实现了非农产业快速发展。

4. 依托独特的村容景致，发展旅游产业 花儿沟村地处国家著名AAAAA级景区，2006年投资1 600万元修建了两个民族风情园，引进大漠土艺馆修建的具有民族文化内涵的中亚地区首家哈萨克汗王宫和历史博物馆，为世界了解哈萨克族民族文化打开了一扇窗。

三、今后的发展

1. 促进现代农业科技成果的推广和应用，充分发挥现代农业的引领作用 围绕优质鲜食玉米、特色林果等区域优势产业的产前、产中、产后环节，大力发展农业产业化经营，加快农产品精深加工，延伸产业链。带动周边地区农业科技水平的提高，促进现代农业科技成果的推广和应用，充分发挥现代农业的引领作用。

2. 以现代农业发展成果为推动，促进花儿沟村乡村旅游的蓬勃发展 通过现代农业的拉动，以花儿沟村为基础，将旅游产业与现代农业高度结合，打造“新疆首个低碳乡村旅游地”。完善花儿沟村农业生产、旅游度假、生态人居的三大功能，打造集农产品生产、农业观光、农业休闲、户外运动、商务会议、养生居住为一体的复合型生态休闲旅游区。

3. 加强人才队伍建设 将现代化的企业管理模式，引入休闲农业的发展中，进一步规范化管理，提高管理技能，不断提高服务质量和服务水平。

青岛市黄岛区长阡沟村

村庄资讯

地理位置或行车路线
自黄岛区沿开城路西行约20公里。

最佳休闲时间
全年

一、长阡沟村概况

长阡沟村地处青岛市黄岛区藏南镇，距镇政府西北7公里，藏马山南麓、陡崖子水库以北。全村由散落于山谷中的5个自然村组成，共有236户，450人，耕地面积2 300亩，山林总面积2 800亩。

近年来，该村立足山区实际，依托古朴浓郁的民俗风情和得天独厚的自然景观，引进文化产业项目，开发生态旅游，优化和调整产业结构，积极发展现代农业项目，先后引进建成了中日友好蓝莓观光园、青岛藏马山茶叶有限公司等，而百亿级大项目藏马山国际生态旅游度假区的引进，成为长阡沟村发展的一个重大契机，2011年该村被评为“青岛市最美丽乡村”，2012年被评为“山东省旅游特色村”。

二、最美乡村建设情况

1. 健全机构，明确职责 为加强最美乡村建设的领导，协调各方关系，有计划、有步骤搞好景点开发、建设及管理，

成立了最美乡村建设工作领导小组，设立安全管理小组，为景区搞好协作与服务，有效地维护该村的生产生活秩序。

2. 完善设施、优化环境 为提升乡村旅游服务档次，村两委筹资300万元硬化了村庄及景区周边的旅游道路，同时进行铺设排污管道、造林绿化等配套设施建设。长阡沟村及景区新造林2 600亩，疏林补植5 000亩，栽植玉兰、紫叶李、樱花、黄栌等苗木50万株，完善了景区导览图和景点的标识牌等旅游配套设施。

3. 整合资源、引导发展 充分利用藏马山、陡崖子水库、沃林蓝莓长阡沟基地、隆辉现代农业等旅游资源，开发了藏马山乡村国际旅游度假区、隆辉现代农业休闲园和长阡沟蓝莓采摘园三大景区。

4. 强化培训、规范管理 不定期的组织农家餐馆、旅馆进行业务培训，提高服务水平；制定景区的管理制度和旅游应急预案；规范旅游秩序，严厉查处骗客、宰客、索要回扣行为，维护长阡沟村良好形象，旅游服务水平和景区的接待能力进一步提升。

5. 加大宣传，打造特色 为提高长阡沟特色农家旅游的知名度，与藏马山景区一起进行捆绑宣传，在青岛及周边城市的电视媒体和报纸网络上进行广告宣传和新闻报道。与省内外知名农家旅游强村交流学习，为打造特色农家旅游积累经验。

三、村庄经济发展情况

经过近几年的发展，长阡沟村从单一的传统农业种植模式转变为以种植经济作物及旅游观光、休闲度假为主的多元化产业，同时为村民创造了就业机会，村民生活水平有了大幅度提高，全村农民人均收入2.1万元。村集体年收入120余万元，存款2 100万元。

目前，全村的土地已全部流转给企业开发，种植蓝莓约800亩，茶叶约600亩，薰衣草、牡丹、月季等特色芳香植物约600亩，樱桃、杏、桃、板栗的特色果园约300亩，红枫、樱花、海棠、百日红的特色景观树木1 500多亩。生态观光、农事采摘已经形成产业规模。

通过企业参与，村民年人均纯收入由几千元提高到2万元。村集体建立了文化大院，设立图书室，收藏各类图书1万余册，每年向村民发放大米、面粉，向老党员发放生活补助，向有病和困难户发放救助金。“做文明人、办文明事、建文明家”已成为村里的道德风尚。

宁波市鄞州区

湾底村

村庄资讯

地理位置或行车路线

位于浙江省宁波市鄞州区下应街道，距宁波市区 5 公里，距鄞州新城区 3 公里。

最佳休闲时间

全年

湾底村坐落于浙江省宁波市鄞州区下应街道，占地面积 1 600 亩，距宁波市区 5 公里、鄞州新城区 3 公里。以农业产业化为特色，包括 40 多万平方米的桑果采摘基地、12 000 平方米的植物世界、桑果深加工基地——天宫酒厂、天宫城堡以及葡萄园、草莓园、蓝莓园、百桑园、科普长廊等 18 个高品质绿色观览基地，形成了一二三产业同步发展的现代农村模式，是集农业产业、农业观光、新村展示、田园体验、住宿餐饮、亲子娱乐、旅游休闲等于一体的“都市里的村庄、城市中的花园”。

湾底村先后获得全国创建文明村先进单位、国家 AAAA 级旅游景区、全国农业旅游示范点、全国五星级休闲农业与乡村旅游示范园区、国家级生态村、浙江省农家乐特色示范村、浙江省特色旅游村等荣誉称号。

一、一二三产渐进发展，奏响“三部曲”

在经济腾飞的同时，湾底人以“人民第一，创业万岁”为发展宗旨，本着以人为本的原则，与时俱进，和谐发展，

实现了从工业到反哺农业到发展休闲旅游业三步飞跃：第一步，率先发展工业。确立以发展工业经济作为村级支柱产业的发展策略，村集体经济不断壮大。第二步，工业反哺农业。将工业发展带来的利润注入农村农业产业结构调整中，带动农业产业结构的优化升级。第三步，三产融合发展。2004 年成立天宫庄园休闲旅游有限公司，充分利用自身良好的区位优势、桑园的农业资源和湾底村日新月异的新农村建设成果，经过几年的建设发展，将湾底村打造成宁波近郊乃至全国著名的旅游目的地。

二、休闲农业、休闲娱乐、文化体验齐头并进，打响乡村旅游品牌

1. 建设高效生态农业 2007 年经鄞州区政府审批通过《鄞州区湾底农业科技示范园区发展规划》，在村内原有的 700 亩桑果基地、86 亩大棚葡萄、80 亩蜜梨园等农业产业基础上，打造鄞州区乃至全国农业和农村经济发展的区域性示范基地。

2. 丰富休闲旅游项目 立足于桑果、蜜梨、葡萄采摘等旅游资源，利用桑园良好的田园环境，天宫庄园先后建起了丛林攀爬区、游乐场、真人 CS 镭射区，2008 年底投资 2 300 万元建成占地面积 12 000 平方米植物世界，受到游客的欢迎。

3. 大力推进新农村建设 2001 年起的五年时间里完成旧村改造和新村建设，400 户村民全部住进了配套齐全、环境优美的公寓和别墅，各种生活配套设施齐全。

4. 深挖文化体验项目 湾底村的石头文化别具特色，随处可见的石头上刻着警言名句，刻着湾底人对生命、人生的理解；在西江古村里，湾底人建起了宁波服装博物馆、宁波市首个非物质遗产展示中心等一批文化项目，西江古村逐步成为天宫庄园体验乡村文化、服装文化和非物质文化遗产的好去处。

三、信心百倍，奋发向上，描绘美好蓝图

湾底村的今天让湾底人对自身的发展信心百倍，他们有了更明确的规划蓝图，做大做强都市农庄的品牌，成为家喻户晓的“都市里村庄、城市中花园”。进一步丰富采摘项目，争取季季有鲜果；进一步投资建设宁波百年老字号一条街；丰富旅游产品；进一步启动八卦养生城项目和余姚越窑青瓷博物馆的建设项目，丰富旅游休闲业态。湾底人有理由相信明天会更好。

新疆生产建设兵团第十二师
三坪农场七连

村庄资讯

地理位置或行车路线

地处乌鲁木齐市郊23公里处，西邻昌吉市7公里，北靠乌昌大道，南与十二师头屯河农场相邻，东接头屯河工业园区，交通便利。

最佳休闲时间

4～10月

一、三坪农场七连概况

新疆生产建设兵团第十二师三坪农场七连地处乌鲁木齐市郊23公里处，西邻昌吉市7公里，北靠乌昌大道，南与十二师头屯河农场相邻，东接头屯河工业园区，交通便利，地理位置优越。站内道路、供水、供电系统等配套设施完善，极大地方便了职工的生产生活。

近几年来，按照“蔬菜、林果、花卉、苗木”的发展思路，大力发展林果业、设施农业及集观光、旅游、采摘、餐饮为一体的现代化休闲农业，连队拥有57座温室大棚，主要种植番茄、叶菜、花卉等。连队从1992年开始种植番茄，有成熟的种植经验，攻克了多年重茬、水肥配置的难题，不断加大设施农业科技投入，先后引进熊蜂授粉、暖风炉增温等先进技术，经过多年种植栽培，培育出果形周正、口感绵甜，既是蔬菜、又是水果的“三坪西红柿”，并获得了绿色产品认证，产品远销内地及哈萨克斯坦等周边国家。七连利用地理位置优势，推出番茄采摘体验项目，吸引了了来自乌鲁木齐、昌吉、石河子等众多游客，在乌市周边创出了良好口碑。

按照“田成方、地到边、林成网、渠相连、路相通、土壤肥、无污染”的建设标准，七连结合标准园、标准田创建工作，积极打造葡萄休闲观光采摘园。连队雇佣挖掘机及人工，将葡萄园道路、两旁林带、上下地头进行了平正，同时在上地头统一规划建设彩钢房，便于种植户种植销售葡萄及游客的观光休憩。连队利用网络、报纸等多种渠道进行宣传，不断提高连队的知名度，同时加大科技投入力度，严格按照绿色食品的要求统一进行种植管理，种的葡萄颜色红润、果形周正、甘甜多汁，前来采摘葡萄的游客络绎不绝。

二、经验做法

1. 引进新品种 大力引进和推广农业新技术，新品种。作为农场设施农业单位之一，七连认真做好新品种的引进及新技术的推广力度，在新技术方面不断增强科技含量，继续加大科技投入，为科技创新提供保障。

2. 培育示范户 在4号、14号条田各选定一个种植户，作为科技示范户，用于科技生产探索及新技术示范作用，标准田的管理模式，进行精细化、科技化管理，切实走精品路线。同时，利用位置优势，将马路两边的6户种植户作为示范窗口，提高种植户走精品路线的积极性。

3. 增加商品性 通过加强鲜食葡萄、酿酒葡萄田间管理、科学水肥管理、果树修剪、疏果整穗、果实套袋等技术狠抓产品质量，提高果品等级，增加果实商品性。

4. 配套新设备 引进了暖风炉、卷帘机这两项设备，两者配套使用，用于探索适于当地冬季种植的蔬菜种类、冬季叶菜生产产量及经济效益、春茬番茄及早上市的可行性三个方面的试验。也同时起到了暖风炉和卷帘机的示范、推广作用。

5. 与公司合作 与科伯特公司合作，进行以熊蜂授粉技术为核心，集成优良品种、病虫害综合防治、植物生境改良技术、设施作物高效栽培等方面的一个综合示范。

6. 防御病虫害 加强优质品种推广，用轮换西红柿品种，防御病虫害；加大农家肥使用量，改善土壤成分以适应西红柿重茬造成的管理难度。

2015 年，农场旅游公司在兵团、师旅游局、农场党委的领导下，在各连队和相关企业的支持下，通过休闲农业观光，节庆带动，宣传推介；2015 年 1 ~ 10 月全场接待游客进 11 万人，旅游综合性收入 700 万。同比增长分别为 37.5% 和 40%，在农场旅游公司的带动下，七连仅休闲农业光采摘收入比同期增长 70 万元（番茄采摘比同期增长约 20 万元，葡萄采摘比同期增长约 50 万元），成效显著。

LISHI GUCUN

历史古村

河北省涉县王金庄一街村
河北省蔚县西古堡村
山西省平定县娘子关村
上海市奉贤区潘垫村
江苏省苏州市吴中区三山村
浙江省永嘉县埭头村
浙江省湖州市南浔区荻港村
安徽省绩溪县仁里村
福建省福安市棠溪村
江西省吉水县燕坊村
山东省章丘市朱家峪村
河南省巩义市民权村
广东省汕头市澄海区前美村
广西壮族自治区东兴市竹山村
海南省琼中县什寒村
重庆市万州区凤凰村
四川省成都市龙泉驿区双槐村
云南省宁洱哈尼族彝族自治县那柯里村
陕西省宁强县青木川村
宁夏回族自治区隆德县红崖村
厦门市翔安区小嶝村

河北省涉县
王金庄一街村

村庄资讯

地理位置或行车路线

乘车路线：涉县—王金庄（城乡公交）；

自驾游路线：青兰高速涉县出口—309 国道北行 1 500 米—王金庄景区入口—王金庄一街村。

最佳休闲时间

4 ~ 11 月

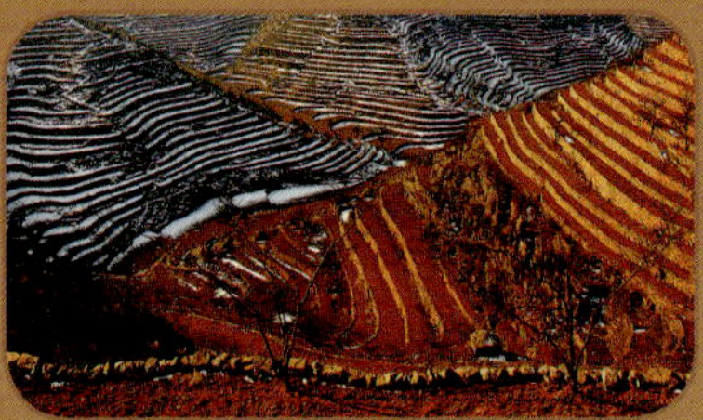

王金庄一街村位于涉县县城东部，距邯郸市西 90 公里，北依 309 国道和青兰高速。一街村石板街、石头民居、人文景观是经典的民俗文化，此地生产的花椒、核桃、柿子被誉为“三珍”享誉海内外，也是村民的主要支柱产业。70 年代先后有电影《艳阳天》、《浴血太行》等多部影视剧在此拍摄。

一、美丽乡村特色

1. 村庄历史悠久　据《王金庄村志》载，元末明初，这里的老祖先千里迢迢、一步一回首，自山西洪洞至此。搭草庵挡风遮雨，觅野果蒿苗充饥；舀山泉野炊解渴，春种秋收，繁衍生息 700 多载。

2. 历史文化名村　2007 年王金庄一街村被河北省命名为历史文化名村，历史资源丰厚，古建筑遗址保护较好。

3. 中国传统村落　2012 年被建设部、文化部、财政部命名为中国传统村落。

4. 打造了全国著名的梯田文化　2014 年以王金庄一

街村为核心的“河北涉县旱作梯田系统”被农业部评为“中国重要农业文化遗产”。

二、经验及发展成效

王金庄一街村领导班子对建设最美乡村工作高度重视，全力推进王金庄一街村改造提升各项工作，打造了山环水绕、梯次分明的梯田和石头民居、石桥流水、绿树掩映的“民俗型”特色农村。①传统文化保护：王金庄一街村有着悠久的历史文化底蕴，春秋战国时期已有人居住，至今遗留有古寨墙等遗迹。石板、石街、石房、石屋、石碾、石磨随处可见，石板街经历代扩建长 2 000 米。近年来特别对王金庄梯田进行保护。②民居改造：在不占用农村耕地前提下，统一规划、统一施工、统一模式，投资 1 200 万元建起了 60 套新居民，是省级新民居建设示范村。并对现存 600 栋、

4 000 多间、建筑面积 25 万平方米的古民居进行重点保护。③村内道路硬化：将村内所有街道进行硬化平整，拓宽道路，方便了群众出行。④规范垃圾处理：成立了靓洁保洁公司，运用公司化模式进行清扫保洁，配备有清扫车、垃圾转运车、人力保洁车等设施，每条街道都安排了保洁员，形成了长效机制。⑤厕所改造：统一将传统厕所进行改造为无害化三格化粪池式厕所。⑥村庄绿化：村周围栽植花草、桧柏、冬青、核桃树、药材，做到适地适树，村庄绿化率达 35% 以上。⑦秸秆处理：全村 583 亩耕地全部使用秸秆还田技术，在不影响下一季农作物情况下，直接粉碎还田，实现废物再利用。⑧村民中心建设：建设村民活动中心，为村民提供娱乐读书、培训、健身场所。⑨新能源利用：改变过去主要利用农村柴草作为燃料的生活方式，积极推广使用太阳能、电磁炉等。

河北省蔚县

西古堡村

村庄资讯

地理位置或行车路线

自河北省蔚县县城乘 819 路公交；自驾沿雪绒花大道转蔚暖公路。

最佳休闲时间

5 ~ 10 月

闻名遐迩的西古堡是蔚县近 800 庄堡中的典型古堡，风格独特，古建筑保护完好，被誉为“河北民俗文化第一村”，素有“中华第一堡”的美称。

一、西古堡概况

西古堡俗称“寨堡”，坐落于河北省蔚县暖泉镇，东临壶流河，西接山西大同广灵县，现有居民 694 户，1 763 人。全村总面积 3.9 平方公里，其中农田 4 360 亩，水浇地 1 200 亩。该堡始建于明代嘉靖年间，扩建、续建于明末清初，集“古城堡、古民居、古寺庙、古戏楼”四大文化奇观于一体，有着重要的历史文化价值、民俗研究价值和建筑艺术价值。2003 年 8 月，被河北省文联、省民协授予“河北民俗文化第一村”；2006 年 6 月，被评选为国家重点文物保护单位。

1. 别具特色的古堡结构 西古堡东西长 255 米，南北长 298 米（含瓮城），总面积 68 320 平方米，四周由黄土夯成的土城墙围成，南北设有两座堡门（南、北堡门），堡门和券门间建有两座瓮城，称为南、北瓮城。堡墙高

8～10米，九天阁、南北堡门等重要部位加宽加高，并用城墙砖里外筑面。南北堡门布局对称，高3.2米，宽2.8米，方石做基，青砖雕造，精而不俗。经300多年风雨沧桑，青石板上留下了两条深深的车辙沟。堡门洞外上部各镶一石匾，南堡门刻有“西古堡”、“永盛门”、“时康熙十九年”字样，北堡门石匾字迹因破坏严重无法辨认。

2. 风格独特的戏楼寺庙　西古堡东西南北各建有一座寺庙，北为三官庙、东为关帝庙，西为观音庙，南庙又称地藏寺，坐落于南瓮城。南瓮城内建筑物较多，有寺庙、殿堂、楼阁74间，建筑面积约1 500平方米。走进南瓮城首先看到的是一座小巧精致、飞脊斗拱、彩绘纷呈的古戏楼，独特之处是戏楼两侧各有一耳房，造型美观大方，在有限的空间增加了戏楼的使用面积，这种设计形式在蔚县近700座古戏楼中独一无二。地藏寺建于清朝初期，该寺上下两层，天井式建筑，下层建有12个全砖券窑洞，外观为精美的砖雕椽飞造型；上层建有地藏殿、十殿阎君殿、鬼王殿、观音殿、三义庙、马王庙、魁星阁以及钟鼓楼等。这些建筑布局严谨巧妙、错落有致，砖雕木刻工艺精湛，塑像壁画栩栩如生。出廊抱厦、曲径通幽、在占地面积不大的空间营造了一景连一景、一幕接一幕的新奇景观。

3. 古色古香的古式民居　西古堡现存古式民居院落180所，其中较大的连环套院4所（亦称九连环院）、小巧规整的古四合院49所、有观赏研究价值的古民房246间。这些民居建于明末清初，全部为砖木结构，木制格窗，木雕彩绘，青条基石，白灰青砖筒瓦，房顶起脊，安制吻兽。经历几百年的风雨侵蚀，其粗壮厚实的木料石材，美丽精细的砖雕木刻，古朴典雅的油饰彩绘，仍显示着当年的繁荣与风采。

二、旅游文化发展

1. 文化遗存　西古堡既有保存较好的古街古院，又有独特的历史文化遗存。在漫长的历史岁月

中，堡内孕育了众多的民间艺人和文化名人，培养了不少仁人志士，贤者名流。据说张姓家中曾出过郡马、拔贡，解放战争、抗美援朝中有贾品山等6名青年为国捐躯。

2. 影视基地 西古堡所处自然环境优美宜人，风光独特，东堡墙和南堡墙外是一片片绿油油的青菜园，河水清清，绿树成荫，远处壶流河水库碧波荡漾，雄伟的恒山余脉高昂挺拔，绿色的植被郁郁葱葱。东北部与暖泉镇的“水过凉亭八角井”遥相呼应。近些年来，由于古堡古色古香的特点，吸引大批影视剧来此拍摄，如《鬼子来了》、《不觉流水年长》、《敌后武工队》、《母亲是条河》。

3. 经济发展 随着游客数量增多，具有本地特色的产品宫灯、剪纸、辣椒油、豆腐干等走出暖泉，走向全国。西古堡村现有豆腐坊5处，手工编织灯笼户30户，剪纸销售处7处，供游客居住的农家院5家，特色小吃店逐年增加。旅游业的发展解决了部分村民就业问题，增加了村民的收入。“古堡文化”正朝着成为暖泉的支柱产业和富民产业方向大步迈进。

山西省平定县
娘子关村

村庄资讯

地理位置或行车路线

自石太铁路娘子关站、太旧高速娘子关出口。

最佳休闲时间

3～10月

娘子关村位于太行山中段的晋冀两省交界，隶属于平定县娘子关镇，它历史悠久，闻名遐迩，位于著名的“太行八陉”之一的井陉西缘，村域面积8.6平方公里，全村2 048人。

娘子关背靠峰峦，雄居险隘，襟山带水，是历代兵家必争之地，更是一处景色迷人的旅游胜地。这里山清水秀，雄关古堡，长城故垒，飞瀑流泉，小桥流水，古街人家，自然景观丰富，人文历史悠久，乡风民情淳厚，素有“万里长城第九关”和“北国小江南”之美誉，系山西省重点文物保护单位。2007年，被建设部、国家文物局命名为第三批中国历史文化名镇村；2008年被山西省人民政府命名为山西省旅游名镇。

娘子关村紧紧围绕得天独厚的旅游资源优势，把娘子关悠久的历史文化和独特的自然景观有机结合，科学发展，保护和开发并举，以资源条件为基础，以科技创新和推广应用为依托，以市场为导向，以打造国内外著名旅游风景区及休闲度假主要目的地为目标，把休闲观光、乡村旅游、农家乐接待同新农村建设、现代农业园区建设等结合起来，实现互相促进、共同发展。充分展示自然景观、人文历史、民情风俗、农耕文化、特色农业、特产商贸、农家生活等特点，努力使休闲观光农业与旅游业融为一体，成为农民增收新的突破点。

一、旅游产业

娘子关村自然及人文景观有：娘子关关城、水帘洞瀑布、平阳湖、水上人家、明清古街商铺，同时开发了绵河漂流、垂钓等水上娱乐活动。娘子关是山西省对外的经济文化通衢，知名度高，有较深的影响力和市场吸引力。近年来，已吸纳国内外大批游客前来观光，“山奇、水秀、洞幽、关险”的特色获得游客好评，年接待游客 15 余万人次，加速了农村剩余劳动力的转移，增加村民就业机会，提高了农民收入，加快了产业结构调整，促进了当地经济迅速增长。

二、地方特产开发

娘子关村地方特色产品按照国家“生态、环保、绿色”的有关要求，进行了上水石、水磨面、石榴、花椒、压饼等产品的合理开发和利用，其中，水磨面自古以来以不破坏粮食纤维、口感纯正、绿色环保，深受游客喜爱和欢迎，很有地方特色，其深加工产品极具开发价值，市场前景良好。

三、农家乐接待

娘子关村现有农家乐接待40余户，吸收就业200余人，监管机构完善，具有较高的服务质量。人在水上住、水在屋下流，让游客住到农家，吃在农家，享受北方水乡农耕文化、田园野趣，观鱼弄虾，在湖光山色间执竿垂钓，悠然自得，收获之余可在农家烹饪自食，极具典型的北方水乡特色和风貌。使游客在悬泉飞瀑、流水人家、农院小筑间放松自己，陶冶自己，体验不同的农家田园风光，回归自然，享受自然。

娘子关村环境和谐宜居，人文气息祥和，村民富乐安居，产业结构合理，劳动力就业充分，乡风文明淳朴。

上海市奉贤区 潘垫村

村庄资讯

地理位置或行车路线

位于上海市奉贤区庄行镇南 3 公里。

最佳休闲时间

全年

走进庄行镇农游“四季歌”活动的核心区潘垫村，在金黄菜花和如雪梨花的花海中，清澈的溪流，粉墙黛瓦的农舍，一望无垠的粮田，连绵成片的梨园，水平如镜的虾塘，还有培育奇蔬异果的创意农园，出口散热器的制造企业……一派现代化新农村的景象。可是，你是否知道，潘垫还曾是一个有着千年历史的古镇。

一、古镇潘垫

据清乾隆《奉贤县志》记载，“潘垫又名潘店，唐乾元二年(759 年)，潘姓迁居倩舍塘畔、冷泾西侧，形成村落。”在民间，至今仍有“先有潘垫后有庄行”之说法。五代十国时，立国于今四川一带的前蜀政权，就曾有一位姓潘名葛的丞相居住于此。

镇内有多处园林、名人墓葬。明万历年间，官宦顾子方为其母陆氏建“百岁堂”于杏泾西侧。倩舍塘南的“双寿堂”，则是明代光禄寺少卿周庠的奉亲之所。张弼为之铭文，长洲吴宽、长沙李东阳作诗，诗中描述双寿堂：“高车驷马通昼夜，墨客骚人争短长……短箫大鼓声动地，吴

曲越吟歌绕梁”，可见潘垫当年之盛。周庠墓在镇南，坊辕石兽，俗称“石马坟”；清顺治年间嘉兴知府袁国梓，为官清廉，政绩斐然，被朝廷崇祀名宦乡贤，并在乾隆县志中为之立传，墓葬也在潘垫。

二、再创辉煌

潘垫村位于上海市奉贤县庄行镇南3公里，被列为奉贤区14家新农村建设试点村之一。在新农村建设中，潘垫村以自然村落的公共基础设施建设和村改绿化为重点，实施河道净化、村庄绿化、道路硬化、墙面白化、环境美化和污水纳管工程，并加强长效管理，实现“水长清、路长洁、景长绿、村长美”，保持了原汁原味的江南水乡田园风光，2010年被评为“全国特色村”，2011年被评为“上海市我喜爱的乡村”，2012年被评为“全国生态文化村”，2012年被评为“全国民主法治示范村”，2012—2013年，连续两年被评为“全国一村一品示范村”。

在新农村建设中，潘垫村不忘保护历史遗存，采取一系列保护措施：全面疏理整治倩舍塘、杏泾等古河道，疏浚土方3.3万立方米，在疏浚中沿河还发现多处石驳岸、系船石等遗迹；对倩舍塘上的东陈行桥、西陈行桥和马王庄桥三座清代古石桥进行修缮；另外，土布纺织、民俗文化、乡土菜点等非物质文化遗产，也得到了很好传承和弘扬。

潘垫村在建设美丽乡村中，托起强村富民产业，努力发展都市型现代农业，有优质稻米、庄行蜜梨、南美白对虾和优质蔬菜四大特色农业，2013年实现工业产值2.1亿元，税收1 200万元。全村种植蜜梨1 800亩，在林业科技部门帮助下，推广新品种新技术，生产的“奉叶牌”庄行蜜梨，果型圆整丰硕、肉质脆甜多汁，两次被评为“全国一村一品特色村”。

潘垫村以特色农业、田园风光和千年古村的文化积淀，推进乡村旅游，依托庄行镇乃至奉贤区每年的“春赏菜花、夏食伏羊、秋品新米、冬看民俗”乡村旅游“四季歌”，中心区都设在潘垫村的优势，村企合作办起“百果园”、“采悠园”、“创意园”和“农耕园”，农户办起“农家乐”。市民们在这里游水乡田园风光，访古村历史遗存，品农家菜肴点心，采脆甜庄行蜜梨，赏乡村民俗风情。2013 年，潘垫村接待游客 51.1 万人次，实现餐饮消费和农产品销售 1 841 万元。

江苏省苏州市吴中区 三山村

村庄资讯

地理位置或行车路线

位于江苏省苏州市城西南约50公里的太湖之中。

最佳休闲时间

全年

三山村（岛）又名小蓬莱，位于苏州城西南约50公里的太湖之中，面积2.8平方公里，5个自然村，290多户，800余人。三山村立足湖岛资源禀赋、岛屿型农业生态旅游经济特色以及乡村旅游景区资源，以促进现代休闲观光农业生产、康居旅游环境改善、生态文化传承、湿地生态文明修复、农家乐发展理念特色的角度，着重打造休闲农业与乡村生态旅游环境，根据各自然村区域类型、资源条件，以点带面稳步推进并拓展整个行政村生态文明建设水平。

三山岛是苏州市第一批公布的13个古村落之一，拥有省级文物保护单位2处，市级文物保护单位1处，控保单位33处，是全国第一个以村级和岛屿形式创建的国家级湿地公园，也是唯一以湿地与社区共建并存的国家级湿地公园。营造以构建森林、湿地、河岸等相互依存的健康生态环境，是村里倡导绿色生态游的目标。从2001年起，村里开始实施封山育林，建设公益林1 000余亩，还对河道、沟渠进行整治，清淤、疏通，大面积种植了芦苇、荷花、芡实、茭草、荻等吸附氮磷功能比较强的植物，同时

将果园沟、渠、塘改建成具有拦截功能的生态沟渠。三山村根据自身资源分布情况，将湿地划分为生态保育、湿地体验、宣教展示、管理服务和社区共建五大功能区。还针对野生动物及栖息地，通过构建栖息岛，调整群落结构等措施，使区内野生动物和鸟类得到了保护与恢复，形成了白鹭、野鸭、白鱼、鲇鱼、白虾、银鱼等生物100多种的最佳栖息地，成为野生动物的天堂。

三山村依托生态旅游专业合作社，对村民流转土地实行统一规划、布局、管理，发展高效农业，突显以马眼枣为“一村一品”的积聚效应，并以茶叶、枇杷、油桃等花果为补充的现代农业观光园、采摘园，逐步形成果品结构优化、生态环境优良、农业旅游内涵丰富、经济效益显著的低碳休闲农业观光区。积极引导与鼓励村民开设农家乐，全村现有农家乐100余户，农家餐桌上的生态水产品、家养草鸡、墨驼鸭，田园菜蔬都成为游客青睐的美味佳肴，有80%的农家乐全年收入均超10万元。

在大力发展休闲旅游经济、绿色生态保护和完善各项配套设施的同时，村里投资建立了社区服务中心，开设了服务窗口、党员活动室、图书室、健身房、医务室等便民公共设施。还通过评选“文明户”、“五好家庭”、宣传栏等方式，倡导积极向上的农村文明新风，得到了村民的一致赞誉，彰显了吴中特色新农村的美丽风采。

三山村按照社会主义新农村建设的总体要求，合力凝聚、积极落实，在环境风貌特色改造、乡村旅游基础设施提升与农家乐升级改造层面上正有条不紊实施，坚持“生态富民”的发展思路，充分发挥区位优势，深入挖掘乡村生态旅游资源潜力，因地制宜、科学规划，通过走生态旅游之路，

第三产业迅速崛起，呈现出第三产业蓬勃发展、村级财力不断增加、村民收入逐年提高、村风民风更加文明、村容村貌日益整洁、知名度和美誉度不断增加可喜局面，获得“全国农业旅游示范点”、“国家地质公园”、“全国特色景观旅游名村”、“太湖国家风景区”、“中国低碳旅游示范地”、“国家 AAAA 级景区”、“中国传统村”、“中国历史文化名村”、“太湖三山岛国家湿地公园”、“全国生态文化村”、“江苏最美乡村”、“江苏省生态村”、“江苏省社会主义建设先进村”、“江苏省最具魅力休闲乡村”、“江苏省农家乐专业村”、“江苏省文明村”、“苏州市文明村”、“苏州市十大生态旅游乡村”等国家以及省市区诸多荣誉。

浙江省永嘉县
埭头村

村庄资讯

地理位置或行车路线

位于著名的国家风景区楠溪江中游，小楠溪流域，大若岩镇东部，距永嘉县 28 公里。

最佳休闲时间

全年

埭头村坐落于全国环境优美镇——浙江省永嘉县大若岩镇。埭头村三面环山，四周丹崖如画。东面有瓯江之声“小若岩景群”，南面有“鸟播林”神奇传说与优美的田园风光，西面有着崖下库浑然天成的山水风光，北面有奇峰叠翠，风光旖旎。古村以陈氏大宗到卧龙岗为中心区，分布着陈氏宗祠、积翠祠、墨沼池、墨沼生香、裕后祠、屈庐等古建筑。明代诗人朱暗轩写的《小源埭头十景诗》中曾说埭头村是“卧龙盘处倍葱茏”。在这些古建筑中，尤以华祝祠（亦称鲁班祠）与松风水月最为著名。

埭头村建于元顺帝至元年间，至今已有近 700 年历史，现全村有 354 户，1 400 多人，耕地面积 360 亩。古村落是埭头农业文明时代的载体，承载着一代代埭头人耕读传家的理想与安宁静谧的梦。埭头村有着极其秀丽的自然风光和深厚的文化历史底蕴，8 人合抱的巨大香樟参天入云，古民居、古井、石径曲折通幽，青秀的竹林交相辉映。这些独特的民居风貌、厚重的农耕文明、浓郁的乡村文化、多彩的民俗风情、良好的生态资源和古朴风貌，是楠溪江耕读文化的一个缩影。

埭头村充分利用得天独厚的旅游资源，大力发展古村文化旅游与生态农业，把旅游业、高效生态农业两大支柱产业做大做强。初步走出了一条创新发展、绿色发展、人与自然和谐发展之路。与此同时，一批批城市客人也慕名而来，品尝原汁原味的农家菜肴，体验淳朴自然的农家生活。“农家乐”的兴起，给村民带来了直接的经济效益，尝到致富的甜头。埭头村每年接待农业休闲观光和农事体验近6万多名客人，营业额达400多万元。近年来，埭头村依托永嘉县台办、台联主办的“山水情缘，相依共荣”主题活动，举行了与台湾阿里山乡山美村结对仪式，通过与台湾阿里山乡山美村的结对，为两地居民提供了交流机会学习机会，形成了楠溪江耕读文化与台湾原住民部落文化的全面对接，进一步增进两岸人文交流。由温州市关工委、市少工委、市少年宫和永嘉团县委等四家单位联合打造的温州市少年儿童体验教育基地“楠风营地”也落户埭头村。让孩子们切实

感受到自然之美和劳作之乐，开拓了他们的视野，激发了他们热爱劳动、热爱家乡、热爱祖国的深厚感情，也使埭头村成为青少年体验农村生活的良好场所。

众手浇灌生态花，古村老宅展新韵。随着社会主义新农村建设步伐的不断加快，近年来，埭头村先后被评为中国景观村落、浙江省关心下一代工作先进集体、省市级环境教育基地、省级绿化示范村、市级生态村、市首届十佳魅力乡村、温州市“千百工程”全面小康建设示范村、十大最美村庄等十多项荣誉。埭头村这座千年古村落必将展现出越来越迷人的魅力，正以崭新的面貌张开双臂欢迎四方游客的到来。

浙江省湖州市南浔区
荻港村

村庄资讯

地理位置或行车路线

荻港村是杭嘉湖平原一个典型的江南水乡古村，自古有“苕溪渔隐”之称。该村四面环水，东靠杭湖锡旅游航道，西接湖菱公路，紧接318和104国道，水陆交通方便。

最佳休闲时间

全年

浙江省湖州市南浔区荻港村是一个具有近千年历史的古村落，京杭大运河穿村而过。由于村域内河港纵横，两岸芦苇丛生而称“荻港”。荻港自古就有“苕溪渔隐”之称，依港结村落、荻苇满溪生，展现出江南水乡独特的魅力。

荻港村面积6.3平方公里，有41个村民小组，4 126人。近年来在党中央支农惠农政策持续支持下，荻港村社会主义新农村建设不断推进。村经济发展迅速，2013年全村工农业总产值9.3亿元，年村集体可分配资金205万元，村民人均收入22 833元。

在发展生产的同时，荻港村在新农村建设中溶入古村历史文化，实现“桑基鱼塘”综合利用，大力发展集观光、休闲、度假为一体的休闲观光农业和乡村旅游业，吸引了一批又一批的国内外游客，成为人们心中的最美休闲乡村。荻港村先后获得全国文明村、中国传统古村落、中国历史文化名村、浙江省小康示范村等荣誉称号。

一、农耕文化深厚，产业功能多元

荻港村有桑地 1 670 亩、鱼塘 3 280 亩，有着深厚的农耕文化。自古以来村民以种桑、养蚕、养鱼为主，塘埂种桑、桑叶喂蚕、蚕沙喂鱼、塘泥肥桑，构成了内部资源循环利用的“桑基鱼塘”生态种植养殖模式。村域内至今还保存着连片的原生态桑基鱼塘 3 000 余亩，“舍南舍北皆栽桑、千枝万枝绕屋旁”，绿桑成荫、杨柳成行、鱼塘连片、河港纵横的原生态风貌保存完好。“桑基鱼塘”被联合国粮农组织誉为中国唯一保存完整的传统养鱼生态农业模式，2014 年被农业部认定为中国重要农业文化遗产。

荻港村占地 605 亩的荻港渔庄，以展示鱼米之乡、丝绸之府，弘扬渔文化为主题。走进渔庄，古木参天、杨柳成荫，水塘里荷花满池、河港里菱叶丛丛，是游客村民的休闲乐园。目前，荻港渔庄已成为全国休闲农业与乡村旅游示范点和全国首批休闲渔业示范基地。

二、古村保护完好，村容景观独特

荻港古村，四面环水，村内河港纵横，京杭大运河穿村而过，里巷市河、姜介漾、钞田港、舍西港、史家桥港、古池潭、木鸭团……河港水潭、水条环绕，村中民居依港而建，古帮岸、石河埠，透迤连绵，明清时留下古石桥共 23 座，横跨在小河上，桥桥有别，别具一格。从小桥流水的荻港古村到风景秀丽的生态荻港渔庄，从南苕胜境积川私塾到古色古香的荻港小学，从历史鼎盛时期曾走出 50 多名状元和进士，到近代中国地质事业创始人章鸿钊等 30 多位名人的荻港名人馆，从书香门第堂屋人家到芦荻洲的农民新村，传统文化与现代文化交相辉映，浑然一体，天光、水色、村景构成独特的村容景致，令人感觉返璞归真而流连忘返。

随着新农村建设的不断推进，近年来，在各级党委政府的重视支持下，树立了保护古村、建

设新村，修旧如旧、建新如古的理念，一方面对古村进行了有力保护和发展，修缮了南苕胜境、礼耕堂、古桥、里巷、外巷的廊下街等历史古建筑，开挖里巷市河，建造了古色古香的崇文园、名人馆、新农村展示馆，建造了水乡徽派建筑风貌农民新村。另一方面不断加大基础设施建设，铺设柏油的进村大道，连接着湖菱公路，两边香樟、地面草坪、鱼塘连片，直接可进入荻港村，湖州市公交 107 路可以直达荻港村；具有水乡徽派建筑风貌的芦荻洲农民新村，错落有致，居住环境舒畅，村民生活质量不断提升。

安徽省绩溪县 仁里村

村庄资讯

地理位置或行车路线

合肥、上海、南京、杭州、黄山—绩溪（铁路、高速、省道）—仁里村（华龙大道3公里）。

最佳休闲时间

3～6月和9～12月

仁里，又称大程里，建于梁大同五年（539年）。位于安徽省绩溪县城向东3公里的登源河畔，省道215线、华龙公路穿境而过，为国家AAA级景区，是徽杭古道上的重镇。全村面积11.27平方公里，人口1 588人，是一个有着深厚文化积淀和历史遗存的千年古村落，被评为中国传统村落、中国特色村、安徽省新农村“千村百镇”示范村。

走进仁里，可以见证一段古今历史；踏进古祠，可以展示一个历代王朝。据史载，539年，南北朝梁工部尚书、受助国镇天大将军耿源进邀请游到绩溪仁里，见其山环水抱，风光旖旎，视为宝地，携其弟迁至这里，以兄弟“二人”之意取村名为“仁里”。从此，开启了徽商文化历代繁衍的新纪元。

仁里至今仍保存着大量明清时期的建筑，现存古民居有80余幢。古城门、古祠堂、古民居，村落布局完整，呈现三街四门十八巷格局，建立于唐朝末年的墓道坊是绩溪现存的年代最为久远、文字最为完整的一座墓道坊；明清两朝的科举牌坊，像一座座丰碑矗立在古街道上，昭示着文化古村深厚的徽学儒家历史背景。

仁里位于徽文化的核心地带，是徽菜、徽商和徽剧的重要发祥地，重学重商从俭的思想已深深植入生活在这里的人们，江南第一所私立学堂思诚学堂就落户于此。原生态的徽剧徽调和极具乡土气息的花朝会、秋千台阁等徽风民俗保存至今。

仁里村位于皖南国际旅游示范区绩溪县黄金旅游线上，与龙川胡氏宗祠、徽杭古道、鄣山大峡谷、油菜花梯田等全国知名景区贯穿一线。山环水绕，生态完整，具有优良的原生态自然环境景观。每当春暖花开，杜鹃、油茶、桃李竞相绽放；秋冬季节，满山红叶，绚丽多姿，蔚为壮观。古村周围优美的田园，掩映在桃红柳绿的碧水草塘，交相辉映，形成了一幅优美的皖南乡村立体画卷。

仁里村文化旅游和特色资源拓展了农业功能。养蚕、拔笋、养蜂等休闲农业与民俗表演，让游客住农家屋，吃农家饭，种农家地，享农家乐。休闲农业文化旅游使千年古村、田园风貌、生态环境得到保护，让农耕文明、民俗传统、徽商文化得到传承，使仁里古村成为皖东南休闲旅游一颗璀璨的明珠。

“白云深处仙境，桃花源里人家”。以和为贵的徽文化思想滋养了仁里人宽广的胸怀，淳朴善良、诚实守信的纯朴民风造就了仁里优美的生态环境。基层组织健全，管理民主，社会和谐，将仁里村打造成集自然人文景观、徽州民俗风情、农业观光休闲旅游为一体的最美休闲乡村，成为全国休闲乡村旅游示范点。千年古村仁里，正焕发着勃勃的生机，成为文明、健康、和谐的“仁和之地”。

福建省福安市
棠溪村

村庄资讯

地理位置或行车路线

北方向上海、杭州动车可达；南方向深圳、厦门、福州可达福安站。

最佳休闲时间

全年

一、棠溪村概况

福建省福安市棠溪村，距福安市20公里，是福安交溪流域的一个支流，属市重点生态保护区和用水源头之一，也是福安的“后花园”。有667户，2 886人，村域总面积552.73公顷，村落依溪而建，村里腹地开阔、平坦。2013年人均收入13 241元。

二、生态文明建设

棠溪村目前有三张名片，一是2012年被福建省评为省级生态文化村（全省30个）；二是2014年3月被福建省列入“美丽乡村示范村”（全省110个）；三是2014年3月被福建省列入“省级示范绿色村庄”。

棠溪村从新中国成立后为了保护自然资源就采取了一系列措施，尤其在20世纪初进行了“保护生态环境、利用自然资源、调整产业结构、发展现代农业、融合提升景观、打造优美旅游乡村”的规划：山头保护好原生态森林，山腰发展经济林（含油茶、茶叶、果树），山下垦农，溪边打造绿竹、风景防护林，溪里养鱼，做到“从头到脚合理量身”，形成了和谐发展的生态经济新格局。

三、文化生态、传统民居景观建设

棠溪村有1 000多年的悠久历史和深厚的传统文化底蕴。村内有郑、陈氏祠堂，有千年“广福宫”，有明清时期的古双狮墓、古廊桥、妈祖庙，还有保存完好的10多座八扇八廊府的特大古民宅，九个古井、有百年小学一所，古摩崖雕刻、仙人洞等。棠溪自古以来是福安通往寿宁县，浙江泰顺县的重要通道，由于特定的地理位置，历史上商贾云集，是茶叶加工交易的集散地，棠溪老街有200多米，明清时期仅茶坊就有88间，经商人员众多，形成市场与文化的多元性。

四、民俗文化多姿多彩

棠溪村民风淳朴，长期秉承儒家传统文化思想，文化团体层出不穷，清代以后就有棠溪闽剧团，曾名扬一时。民俗有元宵节、妈祖节、林公节、三月三茶叶采摘节、五月河灯节、走桥节、六月芙蓉节（市镇举办）、锦鲤观光节、氧吧登山节、果蔬采摘节等。

五、农业主导产业明显、产业优势突出

在新农村建设进程中，为促进农业增产、增效、增收，凸显主导产业，目前已建设两个农业合作社、一家茶叶初制厂、两家茶叶深加工厂。福安工艺茶由棠溪始创。

六、村政基础设施日臻完善

棠溪村从2010年被列入新农村建设示范村后，通过集资、捐资、项目投资等多渠道融资，至2013年底已投入1 200多万元，拓宽改造硬化镇村公路，新建了村前古榕树公园，绿化面积达6 000多平方米，新建沿溪一公里长的防洪坝及坝边大理栏杆、新建了一条66米长的景观坝、一座过溪碇路、800米长的溪边游步道、两座公厕、垃圾填场一座，改造铺设了长500米的新街两侧人行道、新建了一座长15米，高4米的宣传文化栏，安装了路灯、景观灯106盏、维修了古廊桥和村人民会场以及村古民宅等。

江西省吉水县
燕坊村

村庄资讯

地理位置或行车路线

位于江西省吉水县金滩镇。出县城过赣江大桥，往南5公里即可到达。

最佳休闲时间

4～10月

燕坊村位于江西省吉水县金滩镇，这里四周绿树簇拥，村内古韵萦绕。距县城南5公里。先后获得中国历史文化名村、中国最美休闲乡村、国家AAA级旅游景区、全国特色景观旅游名村、全国农业旅游示范点、江西省人居环境范例奖等殊荣。

燕坊，又称鄢家坊，建村于800多年前的南宋时期，整个村庄呈带状，南北长约2公里，东西长约1公里，全村现有140余户，700余人，鄢、饶、王、刘、肖、郭、江、邓八姓杂居，而以鄢姓最多。村庄至今保存完好的明清建筑102处，宗祠、民居、书院、门坊、古井、古塘、古墓等建筑，汇成世代燕坊人拥抱的美学空间，成为诠释庐陵文化的经典之作。

据载，古代燕坊人依赣水之便，常乘舟下长江至四川、湖广、江浙、云贵一带经商。明末清初极盛之时，有闻名长江两岸的鄢氏“力诚商号”、“饶氏宝兴裕商号”、王氏“王世太商号”等。燕坊人在外接受了新的文化，然后带回家乡，用多年的积蓄，兴土木，建宅第，请各地的工匠，精雕细刻，建造出一栋栋、一排排造型各异的建筑物，

表现出浓郁的商业氛围。这种因经商而致富的村落，没有官宦之家的大气，有的是经商之人灵活多变、不拘一格的独特个性。可以说，燕坊村是一座带有商业特征的庐陵民居博物馆。

燕坊的民居既不属于北方合院式风格，也不是江南天井式类型，而是介于二者之间的一个独立体系，被称为庐陵民居类型，这种民居的个体内部不设天井，而是把天井推到外面，成为天井院形式，为了解决采光和通风，在民居内部设天眼，这种做法，在全国十分罕见。在燕坊村100余栋的古建中，或一家一园，如大夫第、州司马第等，或一个大家族成一院落，如“二十栋”大院、“麟凤院”、“资政第”等，它们根据村子的总体布局，像一颗颗明珠，镶嵌在村子里，炫耀着历史的光芒。

雕刻和书法使燕坊民居显得富贵而儒雅。屋内屋外描金绘彩，雕龙画凤。建筑物的天花、门扇、供桌、墙板、窗棂、梁枋、柱础、眠床等，都有做工精细的雕刻。表现手法有浮雕、镂雕，砖雕、木雕，或金粉修饰，或原色示人。雕刻内容，有人物故事，花鸟鱼虫，戏剧场景，如“二十四孝图”、“八眠图”、“四季图”、“文房四宝”等，这些雕刻，随处可见，是燕坊人追求至美的写照。

门坊，是燕坊古村建筑的一大特色。至今保存的13座富丽堂皇的门坊，宛如燕坊古村体面的门脸。这些门坊，或自成一体，或与院落依偎相连，所有门坊皆为砖石结构，建造考究，别具一格，造型各异。正面题词有：“水木清华”、“青阳绚彩”、“字水潆回”、“秀毓临川”、“麟游凤集”等字样，书法均遒劲有力。门坊皆精雕细刻，图文并茂，清新雅致，体现了燕坊古人的见多识广。

燕坊的古家具，静静地摆设在民居之中，一张长寿床，就分三层镂雕，上层为寓意长命百岁的松枝，二层为大富大贵的牡丹，三层为祈愿儿孙满堂的累累硕果。人生所愿，尽在一床之中。一个小小的洗脸架上也要雕就两条精致的小龙。精雕细刻的香案，做工巧妙的太师椅，稳重的八仙桌，构成燕坊村独特的香案文化。

燕坊的池塘特别多，这些池塘大多依宅而存，一口池塘是一面清澈的镜子，有云无云的天空，风过雨过的草木，都收在这些镜子里。燕坊古村落在景观组合上有一个突出的特点，就是村中的自然景观和周边的山水景观结合得非常好，一家一园，村中分布有成片的柚子树、柿子树和菜园、花生、芝麻地，更有1 000多棵古樟，成为十分珍贵的生态景观资源。可谓“村在林中，林在村中”，这种景观格局在同类古村中是罕见的。世世代代的燕坊人，爱习南拳和打板凳，爱做花灯和剪纸，爱吃牛宴、爱闹元宵、爱唱采茶戏……这些，成就了燕坊村古老而灿烂的文明。

漫步在燕坊古村，蜿蜒曲折的青石板和鹅卵石路，向天而立的高高的马头墙，门楣上层层叠叠的飞檐翘角，各具特色的民宅古居，无不透出古色古香、宁静安详。

山东省章丘市 朱家峪村

村庄资讯

地理位置或行车路线

位于山东省章丘市城区东南约5公里处，道教名山胡山东北脚下，西距省会济南约45公里，从309国道（济南经十东路东端）南行2公里即可到达。

最佳休闲时间

3～10月

朱家峪村位于山东省章丘市东南约5公里处，道教名山胡山东北脚下，西距省会济南约45公里。朱家峪村是中国北方地区典型的山村型古村落，是山东省首个由建设部和国家文物局授牌的“中国历史文化名村”，被专家誉为“齐鲁第一古村，江北聚落标本”，又称为“齐鲁第一村”。

一、发挥古村优势，建设历史文化名村

近年来，朱家峪村多措并举，加快了新农村建设进程，推进古村旅游、发展生态休闲农业，并取得可喜成绩。2005年，朱家峪为建设部和国家文物局授牌的首批中国历史文化名村，也是山东省第一个中国历史文化名村；2009年，朱家峪民俗景区获国家AAA级景区称号；2010年，朱家峪村被评为山东省旅游特色村，其所在官庄镇被评为山东省旅游强乡镇；2009年4月，朱家峪村被有关部门授予山东十大影视拍摄地；2011年7月，朱家峪村被推荐为“2011中国最有魅力休闲乡村”山东候选村，并进入全国前20强。2011年11月，朱家峪村获得“章丘市美丽乡村”称号；2012年获得“全国生态文化村”称号；2014年，

朱家峪民俗景区获国家 AAAA 级景区称号。

二、彰显历史文化特色，推进古村建设

朱家峪村历史悠久，据专家根据出土陶器进行考证，夏商时期有庐于此，距今 3 800 年以上。自明代以来，虽经 600 余年沧桑，仍较完整地保存着原来的古桥、古道、古祠、古庙、古宅、古校、古泉、古哨等建筑格局。朱家峪大小古建筑近 200 处，大小石桥 99 座，井泉 66 处，自然景观 100 余处。与江、浙、皖、赣那些富豪云集、雕梁画栋的古镇不同的是，朱家峪朴素无华，与江北平原的村庄也有不同，朱家峪房舍布局不是传统的正南正北。而是顺山就势，高低错落，疏密有致，朱家峪古村是中国北方山区村落建筑的典型代表，2012 年以后，章丘市委、市政府本着修旧如旧、仿古如古的原则，对朱家峪老街进行了改造提升，修复了进士故居、朱氏北楼、女子学堂等古建筑；恢复了黑陶坊、葫芦坊、铁匠铺、粗布坊、豆腐坊等老街十大作坊，将古文化及传统民俗工艺进行了有效的保护和传承。

三、以生态建设为总抓手，建设“绿色朱家峪”

近年来，朱家峪村按照上级要求，大手笔抓生态环境规划，大投入抓生态设施建设，大动作抓生态管理，村民生态意识大为提高，环境设施不断完善。经过努力，院落净化、村庄绿化、环境美化、生产生活设施初步配套、人与自然和谐相处、翠木古树相交辉映的生态文明新村呈现在人们眼前。为了丰富村民们的精神文化生活，朱家峪村党支部积极筹备，科学规划，在镇政府的大力支持下，建成了一个占地

1 000 多平方米的文化休闲广场，极大地丰富了村民们的业余文化生活。

四、推进休闲农业建设，与古村建设相得益彰

朱家峪村紧密结合自身实际，深入挖掘本地的人文、地域、生态等特色优势资源，做足做好生态农业、休闲农业文章。实施生态环境保护战略，古村周边荒山基本实现了绿化，并采取了严格的封山育林措施，目前，全村森林覆盖率达到 62%。朱家峪村以古村老街为中轴线，在东、中、西三个片区分别建设朱家峪民俗风情的休闲度假小区，建设适合古村风貌的游乐设施。

朱家峪景区 2014 年成为国家 AAAA 级旅游景区。

河南省巩义市 民权村

村庄资讯

地理位置或行车路线

位于河南省巩义市东南 15 公里的大峪沟镇南部。

最佳休闲时间

4 ~ 10 月

民权村位于河南省巩义市东南 15 公里的大峪沟镇南部，属深山区农村，辖 16 个村民组，2 278 人。民权村东连五指岭，西接石人山，南瞻中岳嵩山，北揽黄河、洛水，总面积 51 平方公里。民权村境内的青龙山森林公园集自然景观和古老佛教文化相结合，由绵亘二十余里的东、西青龙山环护一条千姿百态的虎溪河形成峻峰谷幽的深山特色景区。

一、自然景观与佛教文化完美结合

民权村自然风景优美，自然资源丰富。景区内有原始次生林 2 317 公顷，药用植物 200 余种，各种鸟兽百余种，青龙山山势陡峭，峡谷深邃，涧溪萦回，喀斯特地貌形成的奇峰、奇石、奇水相映成趣，令人赏心悦目。青龙山的水更是中原地区少有的一大特色，四十五里清澈碧绿的倒流河给青龙山披上了一层神秘的面纱。经过多年的荒山绿化和封山育林，现在全村森林覆盖率已达 72%，森林面积达到了 3 000 多公顷。

青龙山是大宋开国皇帝御封的“天下第一风水宝地”，

著名的“七帝八陵”宋陵也是依青龙山所建。慈云寺位于青龙山中满月形台地之上，始建于东汉永平七年(公元64年)，是佛教传入中原后由天竺高僧摄摩腾、竺法兰创建的第一座民间寺院，誉为“华夏第一寺”。慈云寺内“释迦如来双迹灵相图碑”和“五十三峰圣境之图碑”被称为镇寺之宝。

二、基础设施和人居环境建设

近年来，依托青龙山景区，紧扣“乡土风情、山村风格、生态风貌”这一主题，努力打造 “环境整洁优美、基础设施齐全、公共服务配套、思想道德良好、人与自然和谐”的社会主义新农村。先后修建道路；完成村民饮水工程建设和有线电视、宽带入户的普及；完成村级文化大院建设，丰富了群众业余文化生活；加强村内环境卫生整治，使民权村真正变得绿、亮、静、美。

经过努力，全村的基础设施得到完善，村容村貌得以整治，社会事业全面发展。村党支部连年被评为巩义市市级“五好党支部”， 先后获得“河南省‘五个好’村党组织”、“河南省省级生

态文明村”、“郑州市生态文明村”、“郑州市最美乡村”等多项荣誉称号。

三、生态文化和休闲农业发展

偏远贫困的民权村得此翻天覆地的变化，主要得益于该村始终坚持科学发展观，按照人与自然和谐发展的需求，因地制宜，统筹规划，立足资源优势，发展生态旅游，改善村民生存条件和人居环境，构建和谐家园。民权村依据青龙山森林公园景区的详细规划，结合本地的山水风景资源和深厚的佛教文化底蕴打造成休闲禅修圣地，突出景区青、秀、静、幽、雅的特色，合理布局，稳步推进。

民权村由于地处深山区，受地理条件限制，农业发展一直相对薄弱，借助旅游业的发展，绿色生态农业逐步兴起，小麦、玉米等农作物进行传统加工，在景区内荒坡、荒地建成千余亩的林果基地，栽种枣、核桃、柿子等果树，并适当加工，供游客观赏、采摘。

一山、一水、一寺、一佛，青龙关、忠义寨、千年连理、回音谷、象鼻山、天然大佛、千年古刹，民权村一尘不染的自然山水和深厚的文化积淀，是村庄得天独厚的旅游资源，对追求自然、放松心灵的现代旅游具有极大的吸引力。

广东省汕头市澄海区
前美村

村庄资讯

地理位置或行车路线

乘 103、208 公交车，沈海高速公路、国道 324 路线。

最佳休闲时间

8 ~ 12 月

前美村位于广东省汕头市澄海区隆都镇，距城区约 15 公里，现有人口 6 500 多人，面积约 2.8 平方公里。是潮汕地区著名的古村落，也是汕头市著名侨乡。近年来，顺应旅游业的发展，前美村充分发挥古民居集群优势，以陈慈黉故居为龙头，大力发掘历史建筑资源，发展区域特色旅游，使前美村古建筑群逐步引起国内外游客和学者的关注，成为潮、侨特色的旅游景点。

前美村始建于元朝末年，至今已有 600 多年历史，历史文化底蕴丰厚。前辈先贤的艰辛创业，为当代积聚了可供旅游开发的宝贵资源，尤以慈黉故居和永宁寨等连接成片的古建筑群最具特色。最早到前美考察古建筑群的北京大学教授陈传康说，这是一处难得的风景名胜，可以开发成国家级旅游区。前美古村建筑群也被不少专家学者誉为潮汕历史文化的缩影和见证，其中陈慈黉故居是著名侨胞陈黉利家族于清同治年间至民国时期在家乡兴建宅群的总称，包括通奉第、仁寿里、郎中第、寿康里、善居室、观察第和三庐书斋等大小 15 座院落，总面积近 3.5 万平方米，院落中最具代表性的有郎中第、寿康里、善居室和三庐书

斋四座，占地面积约 2.4 万平方米，共有大小 506 间，特别是当中不少门匾为当时书法名家华世奎、吴道容等人的真迹，弥足珍贵。被誉为“岭南第一侨宅”。永宁寨是陈慈黉先祖陈慧先及其子陈廷光于清康熙年间建造、至雍正十年(1732 年)建成，占地面积 10 333 平方米，共有厅房 210 间，不但讲究风水布局，且有防洪、防盗、防涝等功能，是潮汕平原目前仅存的四方形寨堡。原有的寨墙、寨耳、龙虎门和八卦井等建筑至今保存完好，有较高的考古价值。

按照“保护发掘并重、开发建设并举”的思路，1998 年，前美村与陈黉利家族、善居室继承人陈天禧兄弟协商，陈天禧先生以香港乾泰隆公司名义投资近 500 万元，对善居室建筑群进行修缮，并于 1999 年 10 月对外开放，经过几年来的发展，目前已具有较高的知名度，2008 年定为广东省旅游特色村，被评为汕头市新八景之一，成为潮汕地区旅游的新亮点，年接待国内外游客近 15 万人次。

前美村古建筑群的规划保护和开发利用工作，一直受到市、区、镇各级领导重视。通过由区、镇领导牵头，聘请澄海区规划设计院及中山大学为前美村编制历史文化名村保护规划和旅游发展概念规划，进一步规划开发特色古建筑旅游项目。2008 年被评为广东

省第一批历史文化名村，国家第四批历史文化名村。在旅游资源的保护开发上，虽然取得了一定成效，但古建筑群所蕴含的现实价值和潜在历史价值的开发利用还远远没有到位，如何利用慈黉故居的影响力、辐射力，以点带面，从更高层次把前美村开发成全国旅游特色村，是建设社会主义新农村的主攻方向。

广西壮族自治区东兴市
竹山村

村庄资讯

地理位置或行车路线

自广西壮族自治区东兴市北仑大道百汇超市门口乘坐东兴至竹山公共汽车即可到达。

最佳休闲时间

4～11月

竹山村位于祖国大陆海岸线最西南端，与越南相连，以盛产竹子得名。全村面积11平方公里，耕地面积3 110亩，海岸线长21公里，陆地边境线长4公里，下辖4个自然村，18个生产组，有汉、壮、京、瑶等多种民族共1 167户，4 396人。农作物以种植水稻为主，红薯、花生为辅；养殖业、海洋采捕业和边贸业是村民的主要经济来源；乡村旅游业是竹山村新兴产业。2013年农民人均纯收入达11 000元，村级集体经济收入10多万元。近三年来，荣获首批“广西特色名镇名村”、“广西卫生村”、“广西休闲农业十佳名村”、“广西农业旅游示范点”等称号。

主打“服务”牌，争创党建示范点，打造党建样板新标杆。为充分开发利用好竹山村得天独厚的旅游资源、多姿多彩的自然景观和人文景观，使旅游业成为竹山村的支柱产业，实现“旅游旺村”的战略目标，把竹山建设成为风景秀丽、文化厚重、管理

规范、独具特色的“边海文明国门村”。2009年以来，竹山村在上级党委、政府的领导下，在各部门的指导下，整合各方力量，把社会主义新农村建设、乡村旅游开发与文明生态村创建紧密结合起来，确定了以“科学发展兴竹山，特色旅游展新貌”为主题，以建设竹山北仑河口跨国生态旅游景区为主中心，以发展“农家乐”、“渔家乐”特色乡村休闲旅游为品牌；以打造竹山村“五古”（古碑、古庙、古街、古教堂、古榕部落）特色旅游景点为抓手；以政府指导、群众积极参与相结合为措施；以创建全国特色景观旅游名村为目标的旅游发展思路。

主打“生态”牌，争当新农村排头兵，打造美丽和谐新农村。积极调整农业产业结构，充分利用本地资源优势，引导群众大力发展特色农业和特色乡村旅游业，通过引进项目推动，组织群众成立竹山村“渔家乐”旅游合作社，促进了村级经济发展，人民群众收入得到提高，在可持续发展旅游业的道路上走出了一条成功的路子，打造了一批独具特色、富有吸引力的旅游产品，与周边地区构架了“上山、下海、又出国”的大旅游格局。

主打“民生”牌，村民借旅游“生”钱，打造兴边富民新亮点。不断建设完善竹山村古榕部落“渔家乐”游客服务中心、停车场、旅游公厕、红树林养护观光木栈道和文化体

育广场等公共设施，完善了景区导览图和景点的标识牌等旅游配套设施。2010 年竹山村被广西壮族自治区住建厅和旅游局授予“广西特色景观旅游名村”称号；2013 年被农业部和国家旅游局评为全国休闲农业与乡村旅游示范点。

海南省琼中县
什寒村

村庄资讯

地理位置或行车路线

海南省琼中县城（营根）—红毛镇—什寒村。

最佳休闲时间

全年

一、什寒村概况

什寒村位于海榆中线166公里，内进9公里处，坐落在海南省琼中县红毛镇海拔800多米的高山上，是海南省海拔最高的村寨，藏身在黎母山和鹦哥岭之间的高山盆地中，森林茂密，溪流缠绕，在云雾中若隐若现，有着“天上什寒”的美誉。什寒村辖苗村、冲沙、什托和元也4个自然村，共92户，520人，是一个乡土气息浓郁的黎、苗族村庄。

什寒村是琼中较为边远的贫困村落，2010年什寒村被列为海南省委办公厅的扶贫联系点，为了让村民脱贫致富，海南省委办公厅积极为什寒村引进发展项目，引导村民发展新兴产业，发展农村经济，各级党委、政府部门和社会各界共出资近2 000万元，用于什寒村的危房改造、道路修建等公共设施建设，农业产业项目建设和“奔格内”乡村休闲旅游设施建设。村民人均纯收入也由2009年的不足1 000元提高到2013年的6 420元。目前，该村主要发展林下种植，林下种植面积约1 600亩，重点发展铁皮

石斛、南药、原生高山茶等特色农业。

二、旅游资源

据《琼中县志》载，1943 年 8 月，黎族首领王国兴发动了白沙起义，反抗国民党的欺压，后起义队伍遭到镇压，王国兴退守什寒山和鹦哥岭，并派人出山寻找共产党。后来毛泽东主席评价王国兴，“中国少数民族自发起义，主动寻找共产党，消灭国民党，建立革命根据地，只有王国兴一人。”

什寒村保留着浓郁的民族风情。这里的苗家人喜欢戴头巾，着民族服装。苗村和黎村的区别，可以在房前屋后看一看有没有一种高大如仙人掌的红色植物，苗家人称“山猪药”。苗家人喜欢这种植物，认为它能带来好运。

三、区位优势

琼中是海南岛公路南北、西北走向的交通枢纽，属热带海洋季风气候，夏长无酷暑，冬短无严寒，年均气温 22.8℃，年均日照 1 741 小时，年均降雨量 2 444 毫米。旅游资源独具特色，自然景观与文化古迹交相辉映。同时，黎、苗文化特色的乡村休闲旅游更是独一无二。这里有遐迩闻名的琼中绿橙、橡胶、槟榔、桑蚕、灵芝、蜂蜜等特色产业；百年榕树下，有黎家阿婆织出的精美黎锦；潺潺小溪旁，有苗家阿妹秀出的美丽绣花。这里的生态环境综合指数居全国第四位；南药资源丰富，可入药的野生植物有 2 000 多种，较珍贵的药材有沉香、灵芝、槟榔、益智等；水能资源丰富，境内有大小河溪 241 条；野生动物主要有猕猴、长臂猿、黑熊、金钱豹、穿山甲、坡鹿等。近年来，琼中县先后获得“中国科普示范县”、“中国民族团结进步先进县”、“中国城市环境综合治理优秀县城”、“2012 亚洲金旅奖”、“中国最具民俗特色城市”和“中华最佳文化生态旅游示范地”等殊荣。

1. 建设什寒村旅游综合服务中心　什寒村自2010年引进开发旅游项目以来，已粗具规模，越来越多的游客、背包客到大山里亲近大自然，同时，什寒村的“奔格内”原生态乡村旅游在省内已有一定的知名度，进一步改善道路交通设施，提高民宿、青年客栈、驿站的接待能力，提升旅游休闲的品质。

2. 建栈道、自行车道等工程　近年来，自驾游、自行车游的兴起成为一种新的旅游模式，根据什寒村路现状，修建栈道、自行车道，穿越村旁田园、丛林和小溪，以方便游客骑车、徒步游览观光，让游客融入大自然当中。

3. “奔格内”黎、苗风情广场　什寒村是琼中最具有代表性的黎族苗族群居的村庄之一。在这里，黎、苗同胞和睦相处，社会平安、和谐。什寒村还是个黎、苗文化底蕴深厚的地方，黎、苗原生态歌舞、黎锦苗绣传承极好。建设“奔格内”黎、苗风情广场，可让游客体验黎、苗民族风情，丰富旅游内容，增强乡村旅游的吸引力。

重庆市万州区
凤凰村

村庄资讯

地理位置或行车路线

位于万州区正东，距万州城区28公里、云阳城区15公里，万云南路横贯全境。

最佳休闲时间

全年

在万州区太安镇与云阳县凤鸣镇、磐石镇交界处，有一座海拔千米的大山，峰峦起伏，形似凤凰，“头”抵太安镇凤凰村高昂于长空中；“尾”达云阳县磐石镇，直锁长江，像是横亘在万州与云阳之间的一道天然屏障，因此名叫凤凰山。

凤凰村就坐落在这座雄伟的大山上。这里绿树环绕，鸟语花香，山林连成林海，空气清新，景色宜人。山涧潺潺泉水，两处山泉暗涌；古木参天，火棘树红了一片林；阵阵花香，杜鹃花醉了一方人。

一、旅游资源丰富独特，人与自然完美和谐

“叶儿青又青，嫩芽一颗心，一窝茶树矮墩墩，就像娃儿胖墩墩”一首采茶小曲带我们走进凤凰茶乡——重庆市首个大型开放式乡村公园，这里海拔950～1 068米，夏季平均气温22.5℃，是避开炎炎夏日的最佳选择。这里的旅游资源非常丰富，有着全国最高大的千年金桂树、千年檬子树；重庆市最壮观的高山茶园、千层梯田；三峡最丰厚的农耕文化、生态文化；是明洪武年间一品官员牟仲

泰辞官隐居地。目前已建成开放大坡茶田、茶岭古泉、双峰望日等景点22个。农家院落则呈现出浓郁的巴渝特色，古色古香。森林小木屋、乡村四合院掩映在森林中，林间步道、田间小路阡陌纵横，广场、风雨廊、亭子等休闲设施齐全，与周边田园统一协调、浑然一体，形成了一幅优美、静谧的田园风光。

凤凰村一直将生态环境保护放在首要位置，加大植树造林、环境管护力度。辖区内森林植被覆盖率高，生态环境良好，树木葱茏，芳草萋萋，鸟语花香，白鹭、水鸭、野兔、锦鸡、野猪出没于林间、田野，林茂粮丰，物种呈现多样性。同时，对景区内6棵树龄在500年左右的古树进行保护。凤凰村乡村旅游发展以自然生态为依托，在生产生活上以自然环境为根本，生态文明、经济发展与社会进步之间统一协调，是凤凰人尊重自然、合理利用和改造自然的结果，展示了凤凰人与自然环境之间完美的和谐。

二、保护生态人文价值，推动精神文明建设

凤凰村历史文化悠久，民国县志有关于凤凰头“为滨江山脉之祖”的记载，“万县有个大石板，一板产粮万多担”的世代流传，“太安有神木，卓然立高岗；亭亭展华盖，苍苍披翠裳”的古赋。辖区诸如凤凰山、凤凰头、挖断山、丁家楼子等地名积淀了丰富的文化内涵，残存的明初一品官牟仲泰隐居地、大学士墓、旗杆石、为人民服务碑等，都承载着古老的故事。凤凰村注重生态人文价值的保护与传承，山歌、民歌、情歌广泛传唱，宛转悠扬；打年宵、扭秧歌、划彩龙船等风俗表演别有风情；鳝鱼、绿茶、糍粑、桂花酒等美食脍炙人口；登高、祈福、刨猪汤等传统习俗，独具韵味。建成了农家书屋、文化活动室、文化广场，积极组织村民参加各种文化活动，组建了山歌队、腰鼓队，组织开展“五好家庭”、“好相邻”、“文明之星”等评比活动，推动精神文明建设。

三、大力发展特色效益农业，引导发展第三产业

凤凰村立足生态特色，按照乡村旅游业“一业带多业”的发展思路，加快发展生态产业，让老百姓吃上“旅游饭”，发上“旅游财”。

基于乡村旅游带来的庞大客源市场，成功开发了茶叶（重庆十大名茶之一）、小蒜、百合、板栗、油菜籽（油）等农特产品，组建专业合作社，将农特产品进行标准化生产，延长农业产业链。还设立了凤凰茶乡农特产品展销中心，不断升级农特产品为旅游商品，提升农产品附加值，带动群众增收致富。

近年来，结合乡村旅游的发展需要，新建了200亩花卉观光园、发展了500亩梨园、1 200亩高山晚熟李种植园，新种植茶叶500亩，茶叶总面积达3 500余亩。游客不仅可以在此休闲观光，还可以体验采摘乐趣，感受乡村风情。

现在，以重庆市乡村旅游微型企业示范村建设为平台，支持、引导36户农户发展农家乐，成功打造“鳝鱼飘香”美食一条街。组建成立“春燕便民服务队”，设立农产品直销处、综合服务亭、夜市摊位等，为130余名村民提供了就业机会。

目前，乡村旅游已成为凤凰村村民的主要经济收入来源，2013年接待游客21万人次，实现旅游综合收入2 000万元。

四川省成都市龙泉驿区
双槐村

村庄资讯

地理位置或行车路线

为中国西部客家第一镇——洛带古镇的核心旅游景区，距成都城区 12 公里，距双流国际机场 43 公里。

最佳休闲时间

全年

四川省成都市龙泉驿区双槐村是一个客家文化底蕴深厚、田园风光秀美的村落，地理条件非常优越，是“中国西部客家第一镇”洛带古镇的核心旅游景区，距成都城区12 公里，距双流国际机场 43 公里。幅员 3.27 平方公里，社区居民 3 729 户，人口 6 778 人。90% 以上都是来自广东、江西、福建等省客家移民的后裔，客家文化、民风、民俗、民居保存完好。依托双槐村丰富的客家旅游资源和深厚的客家文化底蕴，洛带古镇在抓好一产业的同时，大力发展休闲观光业，充分实现以旅助农、一三产业互动融合发展，成为四川省最为独特、最具魅力、最有吸引力的生态旅游第一线，是全国首批重点镇，“国家级 AAAA 级旅游景区”、“中国历史文化名镇”、“中国最具人文底蕴古镇”、“国家文化产业示范基地”、“中国民间文化艺术之乡”、“国家生态乡镇”。

洛带镇历史悠久，文化底蕴深厚，汉代即成街，名“万景街”。三国蜀汉丞相诸葛亮兴市，更名为“万福街”。相传因三国蜀汉后主刘禅不慎将玉带掉入镇上一口八角井中，故而得名“落带”，后演变为“洛带”。镇内居民

90%以上属客家人，是距大都市最近的“客家方言岛”。以“一园二寺五馆”为代表的古建筑群规模宏大、雕刻精美、风格各异，是中国西部乃至全国保存最为完好的客家古镇，被誉为“世界的洛带、永远的客家”。镇内千年老街完整保存了“一街七巷子”格局，广东会馆、江西会馆、湖广会馆、川北会馆等四大国家级重点文物保护单位和客家博物馆、洛带公园极具历史、人文、建筑研究价值。镇内客家移民后裔，生活中使用古老的传统方言——客家话，传承了传统民风民俗，一年一度的客家“火龙节”、“水龙节”、“清明祈福大典”等活动流传至今。古驿文化艺术节、民俗风情节、新春民俗大庙会、文轩广场文化大庙会等轮番上演，更广种草莓、葡萄、枇杷、梨、桃等水果花木，呈现“四季花不断、八节果飘香”之美景。

近年来，洛带镇坚持“湿地古镇·艺术洛带”的定位，围绕“西部第一、中国一流”目标，大力实施“文化兴镇、产业强镇”战略，全面完善城镇基础和旅游功能配套，进一步提升古镇景区品质，千年古镇因而注入了新的内涵和活力。①优化基础设施，提升乡村旅游档次。完成主要出入城通道、景区内旅游道路、停车场、公厕等基础设施建设，规范景区街面广告牌、店招，在各街道、路口设立景点指示路牌。②推动高端品牌入驻，促进景区品质提升。极具书香人文气息的“新华文轩”生活主题书店、儿童主题书店、花神咖啡、VEVI哲学酒馆、“铜器铺”等已入驻古镇，是游客休憩、娱乐的最佳选择地。③启动公共文化项目建设，加快文旅产业发展。景区新建的文化旅游项目中国博客小镇、中国艺术粮仓、囿口美食城、千亩洛水湿地公园、“三道财神”健身游步道等已建成投运，新启动区图书馆洛带分馆、文化活动中心、国学经典诵读基地建设。

2014年全年接待游客450万人次，实现旅游总收入9.02亿元，古镇正以“世界田园风情艺术古镇”的新姿迎接海内外游客。同时推动餐饮、住宿业的飞速发展，带动就业创业人员近万人。

云南省宁洱哈尼族彝族自治县
那柯里村

村庄资讯

地理位置或行车路线

自云南省普洱市宁洱哈尼族彝族自治县县城→同心镇人民政府→那柯里村（全长 19 公里，用时 40 分钟）。

最佳休闲时间

全年

那柯里村位于云南省宁洱哈尼族彝族自治县同心镇，地处同心镇西边，距镇政府所在地 10 公里，距离宁洱县城区 22 公里，距离普洱市思茅区 24 公里，东邻同心村，南邻富强村，西邻思茅区，北邻漫海村，国道 213 线、磨思高速公路和磨思二级路穿境而过，交通优势明显。那柯里村下辖那柯里、烂泥坝、扎捌寨等 15 个村民小组，全村面积 26.5 平方公里，海拔 1 280 米，年平均气温 20℃，年降水量 1 460 毫米，适合种植粮食、茶叶、蔬菜、水果、生物药物。全村现有农户 429 户，1 704 人。全村有耕地 3 558 亩，林地 53 500 亩，是一个彝族、哈尼族、傣族等多民族杂居的村落。2012 年，那柯里村被评为云南三十佳最具魅力乡村；2013 年，那柯里村入选中国传统村落名录。

那柯里村是古普洱府茶马古道上的一个重要驿站，也是现存较为完好的驿站之一，具有深厚的普洱茶文化、茶马古道文化和马帮文化。为重现当年那柯里茶马驿站兴盛繁荣的景致，充分发掘普洱茶文化、茶马古道文化和马帮文化，先后投入资金，建成实心树连心桥、驿站广场、马

鞍人行桥、马鞍风雨桥、马鞍吊桥、水车、水动助力碾子房、马掌铺、马跳崖、同心亭等 17 个旅游景点，每一个景点的背后都蕴藏着一个或凄美、或发人深省、或励志的故事。走进那柯里，映入眼帘的是一幅幅美景：葱葱翠翠的山林，悠远宁静的古道，潺潺地山间溪流，历经风霜洗礼地百年风雨桥，传承百年的荣发老马店，跟随岁月流转的大水车，炊烟袅袅的青堂瓦舍，四季飘香的蔬果花茶……

那柯里村按照“突出特色、打造亮点、促进发展”和“抓旅游发展，促民生和谐，保社会稳定”的思路，着力打造农业特色更加突出，环境更加优美，内涵更加丰富的最美休闲乡村。①因势利导，彰显地域风情特色。那柯里村始终坚持因地制宜，以那柯里村生态健康的农耕文明为基点，以厚重的茶马古道文化为主线，以独特的民居建筑为特点，以浓烈的民族风情为依托，引导村民从特色农耕、民族特色传承、休闲旅游养生等方面打造出特色。②生态立村，创造人居优美环境。那柯里村在开展乡村建设过程中，始终坚持“生态立村，绿色发展”的理念，将清新的自然风光和人文历史文化结合起来，以独

具茶马风情特色的古朴杆栏式建筑为主，充分利用依山傍水的优势资源，使民居建筑与“山、水、林、田”融为一体，打造出了“小桥流水人家”的田园式村庄，实现了人与自然的和谐共处。③规划引领，构筑村庄美好蓝图。那柯里村始终坚持以科学规划引领最美乡村建设实践，按照“尊重自然美、注重个性美、构建整体美”的原则，以独特的自然条件为根本，以优越的交通区位优势为关键，以深厚的文化底蕴为突破口，科学编制乡村建设规划，着力抓好基础设施建设、景区景点打造和民族文化挖掘，创造了“结合 + 整合 + 提升 = 品牌”的建设模式。④强化服务，促进村民安居乐业。那柯里村在发展经济和特色旅游的同时，注重社会公共事业建设，集中力量实施民房重建、道路硬化、亮化、美化等民心工程，改善村民生产生活的条件和公共服务设施，让全村年年有变化，年年有新貌，逐步建成“宜居宜业宜游”的美丽新农村。

那柯里建设项目的实施，不但改善了当地村民的生产生活条件，还进一步推动了乡村旅游的快速发展。那柯里的“农家乐”由 2007 年前的 3 家发展到现在的 14 家，日均接待游客 600 余人，每年可实现营业收入 800 余万元。2013 年，全村实现农村经济总收入 1 802 万元，农民人均纯收入 5 773 元，实现了新农村建设和产业发展的成功对接，创立了乡村旅游的靓丽品牌。

陕西省宁强县 青木川村

村庄资讯

地理位置或行车路线

位于陕西省宁强县西北，地处陕、甘、川三省交界处，西连四川省青川县，北邻甘肃省文县、康县，素有“一脚踏三省”之誉，距县城136公里，距汉中市197公里，西为国家级自然保护区，西去227公里即是九寨沟自然风景区。

最佳休闲时间

4～10月

青木川村位于陕西省宁强县西北部，地处陕、甘、川三省交界处，西连四川省青川县，北邻甘肃省文县、康县，素有“一脚踏三省”之誉，距县城136公里，距汉中市197公里，西面是国家级自然保护区，西行227公里即是九寨沟自然风景区。青木川村位于青木川古镇中心，全村共5个村民小组，311户，1 064人，全村以旅游综合服务业为主导产业，2013年人均纯收入11 636元。

青木川古镇始建于明成化年间，曾是羌汉杂居地区。青木川古建筑群始建于明代，历经清代和民国时期的持续建设渐成规模，建筑样式兼具川西和陕南两种风格，部分民国时期建筑还体现了中西合璧的特色，极具观赏价值。回龙场老街沿街有108户明清时期的四合院，整条古街“平盘端凳、雕窗扇门、院落集中、四水倒堂”。民国时期建筑中以魏氏庄园、唐世盛、辅友社、荣盛昌、荣盛魁、辅仁中学最负盛名，这些建筑依托魏辅唐的传奇经历，极具人文内涵和保护价值。青木川陕南、秦巴风格的民居建筑，既体现了楚汉文化和巴蜀文化的主格调，又充分吸收了徽派建筑的特点，这些结合陕南自然条件和人文条件设计建造的具有浓郁秦巴地方特色的住宅设计新颖，结构合理，特色鲜明，是青木川建筑文化的重要组成部分。

青木川自然风光秀美，文化积淀深厚，民族风情各异，四季阳光充足，绿色食品繁多，是乡村旅游和四季疗养的理想之地。最高海拔 1 047 米，最低海拔 680 米，属北亚热带暖温带山地湿润气候类型，四季分明，气候湿润，植被繁茂，森林覆盖面大，国家级自然保护区陕西青木川自然保护区成立于 2002 年 8 月，是大熊猫、金丝猴、羚牛等珍稀野生动物栖息地。

青木川物华天宝，资源丰富，地上茂林嘉禾，地下堆金藏玉，全镇森林面积 22 万亩，树种、植被丰富多样，多达 10 科 35 属，其中有 5 种植物是第三纪古热带植物区系孑遗植物，为我国特有品种，属珍贵树种。动物分布有国家一级保护动物 4 种，二级保护动物 17 种，尤以大熊猫、金丝猴、猕猴、羚牛为代表的珍稀物种成为区域内的指示性动物，被专家们誉为天然的动植物基因库。木耳、香菇、天麻、核桃、生漆、蜂蜜等山货土特产从古至今享誉盛名。矿产资源种类多、品位高，储量大，已探明的矿种达 9 种之多。

三省交界的特殊地理方位使青木川成为秦蜀文化荟萃之地，当地文化风俗亦川亦陕，并带有部分陇南文化特色。羌族文化及民国时期形成的“乡绅文化”对青木川也产生了非常深远的影响。各种文化并行碰撞、交相辉映是青木川文化的最大特色。

青木川是远古氐羌民族活动地，春秋战国时期为白马氐所辖，南北朝时期是氐人杨氏番王国的领地，当地的民俗、语言、服饰、文化有极浓郁的羌族特色。青木川地处三省交界处，民风习俗也融合了三省特色，婚嫁、丧葬习俗保留完整，独具特色。尤其是傩戏表演、唱川剧、吼秦腔、赶场、逛庙会、正月闹春、跳关公、过刀山等民俗具有广泛的群众基础，三月三庙会、七月十五鬼神会、牛王会、马王会、文昌公庙会等地方特色浓郁。

青木川的饮食文化有鲜明的地方特色，又兼具南北风味，丰盛的“十大碗席”加上地道的“凉粉”，让外地客人回味无穷。烹饪技术从古到今，历代相传又推陈出新，以“五谷”养“六脏”理念，在

餐饮中重视人体养生保健，各种食物的搭配，以相生相克、相辅相成等阴阳调和之理性认识指导烹饪，形成了“辅唐宴”等独具特色的地方饮食。

近两年，青木川村依托地域优势，加速发展旅游产业，兴办了 60 户农家乐、开设 100 多户农家旅馆，大力发展观光农业，打造了百亩核桃产业示范园。

青木川有着悠久古朴的农耕文化历史，纯正的自然文化和灵动的生态文化交相呼应，是人与自然和谐相处的“世外桃源”。

宁夏回族自治区隆德县
红崖村

村庄资讯

地理位置或行车路线

地处宁夏回族自治区隆德县城南，六盘山西麓，国道312东侧，距县城仅3公里。

最佳休闲时间

4～10月

红崖村位于宁夏回族自治区隆德县城关镇，东邻萧关，西依清凉，南眺渝河，北通六盘，是历经百年历史积淀的古村落，集隆德传统建筑、民俗文化、地方饮食为一体，与龟山风景区完美契合，乡土气息浓郁，历史文化厚重，建筑古朴自然。抬眼望古村落黄墙青瓦，错落有致；老巷子古韵悠悠，岁月沧桑。从红崖村的石头拱门走进去，古朴厚重的民俗文化就迎面走来，那些苍劲有力的书法，栩栩如生的剪纸，变化多彩的砖雕无不在向你显现红崖村人的智慧和勤劳。

一、红崖村概况

城关镇红崖村地处隆德县城南面，六盘山西麓，国道312东侧，距县城仅3公里，这里青山绿水，环境洁净，空气清新，旅游资源丰富。全村辖3个村民小组，总户数353户，总人口1 323人，2013年人均纯收入5 386元。

二、创建模式及其成效

1. 创建思路 红崖村历史悠久，文化源远流长，在创建美丽乡村的模式上，利用自身优势，大力发展中草药、苗木种植和乡村文化旅游产业；保持原有村落古朴自然的风格，体现“老、古、乡”等文化元素，继承和发扬地方的传统书画、民俗和美食，走一条既有产业发展、生态保护又有文化传承、休闲旅游的综合型道路。

2. 创建成效 ①提高基础设施建设，不断优化人居环境。利用危房改造资金对178户农村危房进行改造，目前居住房屋以砖混、砖木结构为主，人居环境得到了极大改善。②大力发展特色优势产业，不断推动富民强村建设。通过美丽乡村建设，红崖村特色产业得到长足发展。红崖村坚持将中药材苗木、劳务、生态旅游发展作为三大支柱产业，在中药材产业发展上，按照当地气候及地理条件，在渝河流域建成600亩针叶苗木种植基地，400亩中药材基地；在旅游产业上，按照“绿色生态立县、文化旅游兴县”的战略要求，红崖村充分挖掘红崖老巷子独特的历史文化，依托该村现有的山、水、林、亭和修缮改造之后的农家小院等旅游资源，全力打造红崖村老巷子旅游；在劳务产业发展上，红崖村把劳务输出作为解决“三农问题”，增加农民收入的主要途径。③狠抓生态环

境保护建设，村容村貌焕然一新。坚持“保持传统、因地制宜、突出特色”的原则，在巩固已有环境综合整治成果的基础上，彰显村庄特色、打造优美人居环境。

三、主要经验

1. 加强领导，落实责任 为切实加强红崖村“美丽乡村”创建工作，镇政府专门成立了创建工作领导小组，坚持把创建工作作为第一责任，做到保证创建力量，保证创建经费，保证依法实施。

2. 强化宣传，营造氛围 始终把强化宣传作为创建“美丽乡村”基础性工作来抓，使广大干群充分认识到抓生态建设，就是抓经济发展。

3. 因地制宜，科学规划 制定科学合理的规划是实现创建工作的前提。在规划建设的时候，注重对红崖老巷子的开发和保护，学习借鉴其他地方的发展经验，着眼长远，凝聚智慧，树立红崖村的品牌。

4. 突出重点，提升质量 突出加强生态建设，做优做强特色旅游。加强红崖老巷子及龟山的绿化、亮化，通过对红崖老巷子的改造提升，不断完善基础设施建设，精心打造地方文化名片，重点突出老巷子古村落昔日容貌风采，满足游客的各种需求。

厦门市翔安区
小嶝村

村庄资讯

地理位置或行车路线

经厦门海底隧道，抵达大嶝岛码头。

最佳休闲时间

夏季至秋季

厦门小嶝休闲渔村坐落于祖国大陆距离台湾金门最近的人居岛——小嶝岛，距金门仅 1 600 米。它经历过硝烟战火的洗礼，是“八·二三”炮战的最前沿。2010 年，在政府的带领下，逐渐发展成生态旅游海岛。它远离工业，远离污染，仿若净土。置身海岛，城市的繁杂喧嚣隐没在蓝天碧水之间。渔村先后荣获“全国休闲渔业示范基地”、“福建乡村旅游四星级经营单位”、“情侣最爱旅游品牌”等荣誉称号，享有“厦门马尔代夫”的别称。

厦门小嶝休闲渔村由“厦门英雄岛旅游开发有限公司”全资投资，占地 350 亩，投资规模超过 1 亿元。景区立足于大海渔业的资源开发，突出休闲渔业，打造休闲度假乐园，集中了游船、餐饮、客房、商务会议、水上休闲、户外拓展等项目，是一座集“旅游、休闲、度假、娱乐”为一体的综合旅游度假风景区。景区拥有望金楼和观海楼两大主功能区，有可容纳 250 位客人就餐的中餐厅、30 栋水上亲水别墅和 118 套星级客房。为了更好地为游客服务，创造旅游品牌，实现岛上渔民的增收，各项设施建设仍在有条不紊地进行。

厦门小嶝休闲渔村拥有福建省唯一的美人漂浮区、喜马拉雅盐疗、韩式汗蒸房、摸虾摸贝等特色渔业休闲项目，同时还开设了紫菜科普基地、晒盐科普基地、踩水车科普基地等促进科普教育，宣传和发扬早期渔业人民的劳动智慧。充分利用原水体，引进水上自行车、水上皮划艇、休闲垂钓等水上娱乐项目。景区于每年 7 ~ 8 月举办海岛帐篷旅游文化节，每年 10 ~ 11 月举办小嶝岛紫菜旅游文化节，促进岛上居民与游客的沟通与联欢，尤其是带动了渔民的紫菜收入。渔村对外营业以来累计接待游客 30 多万人次，直接为岛上渔民带来 120 多个就业岗位，大大带动了小嶝岛当地餐饮业、家庭旅馆住宿业、导游业等各项旅游事业的发展，带动了当地海产品和特色产品的生产和销售。如今当地村民从事旅游有关的工作的人员有 300 ~ 400 人，有力地促进当地经济的发展和对外的交流。

目前，厦门小嶝休闲渔村的综合水平在不断地提高，已获得“2009年厦门市乡村旅游发展示范点”的称号；2009年成为中国旅游协会休闲农业与乡村旅游分会会员；2010年荣获厦门市岛外十佳休闲农庄；2010年荣获福建省“水乡渔村”的称号；2010年荣获福建省休闲渔业示范基地；2011年荣获全国休闲农业乡村旅游示范点；2011年荣获福建乡村旅游四星级经营单位；2012年全国休闲渔业示范基地等诸多荣誉。2013年获得厦门市旅游局“我最喜爱的岛外景区”以及荣获“最佳海岛度假景区”、“海西最佳聚会举办地”等荣誉称号。